GHIDUL COMPLET AL DESHIDRATORULUI

100 DE REȚETE PENTRU DESHIDRATAREA LEGUMELOR, CĂRNII, FRUCTELOR ȘI MULTE ALTELE

Marius Mureșan

Toate drepturile rezervate.

Disclaimer

Informațiile conținute în această carte electronică sunt menite să servească drept o colecție cuprinzătoare de strategii despre care autorul acestei cărți electronice a făcut cercetări. Rezumatele, strategiile, sfaturile și trucurile sunt recomandate doar de autor, iar citirea acestei cărți electronice nu va garanta că rezultatele cuiva vor oglindi exact rezultatele autorului. Autorul cărții electronice a depus toate eforturile rezonabile pentru a oferi informații actuale și exacte pentru cititorii cărții electronice. Autorul și asociații săi nu vor fi făcuți la răspundere pentru orice eroare sau omisiuni neintenționate care ar putea fi găsite. Materialul din cartea electronică poate include informații de la terți. Materialele terților cuprind opinii exprimate de proprietarii acestora. Ca atare, autorul cărții electronice nu își asumă responsabilitatea sau răspunderea pentru niciun material sau opinii ale terților.

Cartea electronică este copyright © 2022 cu toate drepturile rezervate. Este ilegal să redistribuiți, să copiați sau să creați lucrări derivate din această carte electronică, integral sau parțial. Nicio parte a acestui raport nu poate fi reprodusă sau retransmisă sub nicio formă, fără permisiunea scrisă exprimată și semnată din partea autorului.

CUPRINS

CUPRINS...3

INTRODUCERE...7

SIROPURI ȘI JELEE..9
   1. Sirop de afine busuioc..10
   2. Pectină cu mușcă de citrice....................................13
   3. Jeleu de grapefruit roz..15

SOSURI & SOSURI..17
   4. Miere infuzată cu ghimbir și lămâie........................18
   5. Sos BBQ cu miere de piersici..................................21
   6. Unt de pere condimentat pentru cuptor lent........24
   7. Unt de arahide prăjit de casă..................................26
   8. Sos cremos de salată de castraveți.......................28

LEGUME PUDRATE...30
   9. Pudră de roșii..31
   10. Pudră de cartofi dulci..33
   11. Sare de telina...36
   12. Amestec de pulbere verde...................................38

FRUCTE DESHIDRATATE...40
   13. Nucă de cocos mărunțită......................................41
   14. Făină de cocos...43
   15. Rulouri cu banane cu capsuni..............................45
   16. Piele de măr scorțișoară.......................................48
   17. Piele de plăcintă cu dovleac................................51
   18. Piele de tomate din amestec de pizza................54
   19. Piele vegetală mixtă..56
   20. Wrapuri cu roșii...59

AMEJURI DE CONDIMENTE..61

21. Amestec de condimente cajun...62
22. Amestec de condimente pentru friptură...64
23. Amestec de condimente pentru pizza..66
24. Amestec de condimente creole..68
25. Condimente pe bază de plante...70
26. Mix de plante etiopiene (berbere)..72
27. Mix de sos pentru salată de plante..75
28. Oțet amestecat de plante..78
29. Pesto amestecat de ierburi...80
30. Marinada de muștar-ierburi...82
31. Sos de desert pe bază de plante..84
32. Sos de plante cu citrice...86
33. Sos de cabană-ierburi...88
34. Mix de ierburi de provence..90
35. Marinada cu ierburi și ulei...92
36. Oțet ușor de plante...94
37. Pesto de macriș-arpagic..96
38. Sos de castraveți cu ierburi..99
39. Frec pecan cu ierburi..101
40. Sos cu plante aromatice...103
41. Frec usturoi-lămâie-ierburi..105
42. Dolce latté ierburi...107
43. Amestec francez de ierburi..110
44. Unt de ierburi și condimente...112
45. Sos de legume pe bază de plante..114
46. Dip de slănină, roșii și ierburi..116
47. Iarbă de usturoi întinsă..118
48. Chevre cu ierburi răspândite...120

VITĂ..122

49. Jerky mea clasică de vită..123
50. Friptură de Vită Jerky..126

SUPĂ..129

51. Supă de conopidă...130
52. Supă de sparanghel..133

53. Supă de legume Thermos..136

CHIPSURI DESHIDRATATE...**139**

    54. Chips de cartofi dulci...140
    55. Chips de varză..142
    56. Chips de dovlecel...144
    57. Murături deshidratate pentru frigider.....................................147
    58. Chips de prosciutto...150
    59. Chips de sfeclă..152
    60. Chips de orz..155
    61. Chips-uri cheddar mexi-melt...158
    62. Chipsuri de pepperoni..160
    63. Chips de înger...162
    64. Chips din piele de pui satay..164
    65. Piele de pui cu avocado..167
    66. Chips de legume cu parmezan...169
    67. Chips de nucă de cocos plăcintă cu dovleac............................171
    68. Chips de piele de pui Alfredo..173

LEGUME...**175**

    69. Clătite cu cartofi dulci cu făină de cocos.................................176
    70. Rulouri de varză umplute cu aragaz lent.................................179
    71. Dovleac de iarnă sotat cu mere..182
    72. Cuiburi de dovlecei de iarnă deshidratate...............................185
    73. Cuiburi de dovleac condimentat cu usturoi creole..................187
    74. Fajita și orez..190
    75. Crusta de pizza cu orez cu conopida.......................................193
    76. Hash Brown Mix într-un borcan..196
    77. Orez brun rapid..199
    78. Fasole gătită rapidă..201
    79. Fasolea la cuptor a doamnei B..203
    80. Mexican Fiesta Bake...205

BĂUTURĂ...**208**

    81. Ceai de mentă de trandafir...209
    82. Amestec de ceai de menta portocale..211

83. Ceai de soare cu verbenă de lămâie 213
84. Limonada cu Citrice Deshidratate 215

DESERT **217**

85. Crisp cu mere cu topping de ovăz 218
86. Tort cu ananas cu conținut scăzut de grăsimi 221
87. Ghimbir confiat 224
88. Biscuiți cu smochine cu fulgi de ovăz 227

MARINADE **230**

89. Dressing ranch cu usturoi 231
90. Sos de ceapă roșie și coriandru 233
91. Sos cremă Dilly Ranch 235
92. Pansament fierbinte cha cha 237
93. Vinaigretă în stil cajun 239
94. Vinaigretă cu muștar 241
95. Vinaigretă cu ghimbir și piper 243
96. Vinaigretă de citrice 245
97. Se freacă piper alb și cuișoare 247
98. Frecare uscată cu chili 249
99. Amestec de condimente Bourbon 251
100. Oțet ușor de plante 253

CONCLUZIE **255**

INTRODUCERE

În timpul Evului Mediu, oamenii din Europa au construit camere ca o extensie a distileriilor care au fost special concepute pentru a deshidrata alimentele prin căldura unui foc interior. Mâncarea a fost întinsă prin cameră, afumată și uscată. Lipsa luminii solare și zilele uscate au făcut imposibilă uscarea alimentelor afară, iar aceste case specializate au rezolvat problema oamenilor care trăiesc într-un climat rece și umed.

La mijlocul anilor 1800, a fost dezvoltat un proces pentru ca legumele să poată fi uscate la 105 ° F și comprimate în prăjituri. Aceste legume uscate au fost o sursă binevenită de nutriție pentru marinarii care au suferit călătorii lungi fără alimente proaspete. În timpul celui de-al Doilea Război Mondial, soldații foloseau alimente deshidratate ca rații ușoare în timp ce serveau pe câmpul de luptă. Le știm astăzi ca „mese gata de mâncat" (MRE). După război, gospodinele nu s-au grăbit să adauge această mâncare compactă, dar adesea fără gust, în rutinele lor zilnice de gătit, iar alimentele deshidratate au căzut în disgrație.

În calitate de pregătitor care este și grădinar, vreau să-mi iau preparatele de cămară dincolo de fasole, orez, grâu și ouă pudră. Deshidratarea recompensei mele din grădină umple golul lăsat de alimentele care nu pot fi conservate și de un congelator susceptibil de pene de curent. O sursă de apă curată și focul sunt singurele lucruri care stau între familia mea și o masă caldă preparată cu ingrediente deshidratate.

Această carte nu este doar pentru grădinari experimentați, pregătitori conștiincioși și conservatori experți. Este pentru oricine iubește mâncarea proaspătă și vrea să aibă o mână de ajutor în modul în care sunt conservate. Pentru a se adapta stilului de viață activ de astăzi, deshidratarea trebuie să se încadreze cu ușurință în rutina ta zilnică, să ia cât mai puțin timp posibil și să necesite un timp minim de pregătire. Combinând cumpărarea în vrac cu sesiunile de conservare în loturi, precum și un deshidratator eficient, puteți usca alimente pentru a le folosi în fiecare zi.

SIROPURI ȘI JELEE

1. Sirop de afine busuioc

Randament: 3 căni

Timp de preparare: 10 minute

Timp de gătire: 10 minute

INGREDIENTE

2 cani de afine deshidratate

2 căni de zahăr

¼ cană frunze de busuioc uscat

⅛ linguriță de acid ascorbic

DIRECTII

1. Pentru a face suc de afine, gătiți afinele deshidratate în 2½ căni de apă într-o tigaie nereactivă. Se aduce la fierbere și se fierbe timp de 10 minute, amestecând și piureând fructele în timp ce se gătesc. Se strecoară printr-o strecurătoare pentru a îndepărta boabele. Pune deoparte fructele de pădure.

2. Combinați sucul de afine, zahărul și frunzele de busuioc într-o cratiță și aduceți la fierbere complet. Reduceți focul și fierbeți timp de 5 minute. Îndepărtați orice spumă.

3. Scoateți cratita de pe foc și strecurați frunzele de busuioc.

4. Opțional, dacă vă plac bucățile de afine în siropul dvs., întoarceți siropul strecurat în cratiță și adăugați înapoi fructele de pădure. Se fierbe timp de 2 minute.

5. Scoateți cratita de pe foc și adăugați acid ascorbic. Se amestecă pentru a combina.

6. Turnați siropul finit în borcane sterilizate, sigilați și etichetați. Acest sirop poate fi folosit imediat sau depozitat în sticle cu capac batant timp de până la un an cu acid ascorbic adăugat, sau 6 luni fără el. Reducerea conținutului de zahăr va reduce durata de valabilitate. Puteți păstra orice sticle deschise la frigider timp de până la 2 săptămâni.

2. Pectină cu muşcă de citrice

Randament: 2 cani

Timp de preparare: 5 minute

Timp de gătire: 20 de minute, plus timp de odihnă

INGREDIENTE

½ kilogram de sâmbure și semințe de citrice

¼ cană suc de citrice, cum ar fi lămâia

DIRECTII

1. Folosește un curățător de legume pentru a îndepărta coaja de pe fructe. Păstrați pielea pentru deshidratare.

2. Folosiți un curățător de legume pentru a îndepărta miezul. Tăiați miezul și puneți-o deoparte, împreună cu semințele.

3. Adăugați miezul, semințele și sucul de citrice într-un vas mediu, nereactiv. Lăsați oala să stea timp de o oră.

4. Adăugați 2 căni de apă și lăsați-o să stea încă o oră.

5. Aduceți ingredientele oală la fierbere la foc mare. Reduceți focul și fierbeți timp de 15 minute. Se răcește la temperatura camerei.

6. Puneți amestecul într-o pungă de jeleu și lăsați-l să se scurgă. Apăsați pentru a elimina sucul.

7. Păstrați pectină suplimentară în congelator.

3. Jeleu de grapefruit roz

Randament: 2 cani

Timp de preparare: 15 minute

Timp de gătire: 30 de minute

INGREDIENTE

4 pumni de coji sau rondele de grapefruit roz deshidratate

2 căni de apă rece

1½ cani de zahar

DIRECTII

1. Puneți cojile sau rondelele de grapefruit într-un castron mare și acoperiți cu apă rece până se îmbină, aproximativ 15 minute. Scurgeți și rezervați lichidul de grepfrut.

2. Tăiați grapefruitul rehidratat în bucăți mici.

3. Măsurați ½ kilogram din bucățile de grapefruit tocate și adăugați într-o oală nereactivă împreună cu apa și zahărul rezervate. Adăugați suficientă apă pentru a acoperi bucățile de grepfrut, dacă este necesar. Se fierbe până se fierbe bine, 30 de minute.

4. Se scurge printr-o pungă de jeleu. Se lasa sa se raceasca putin si se preseaza tot lichidul.

SOSURI & SOSURI

4. Miere infuzată cu ghimbir și lămâie

Randament: 1 cană

Timp de pregătire: 5 minute, plus timp de așteptare de 2 săptămâni

INGREDIENTE

1 lingura de ghimbir uscat

1 lingurita coaja uscata de citrice

1 cana miere cruda, nefiltrata, nepasteurizata, putin incalzita

DIRECTII

1. Puneți ghimbirul uscat și citricele într-o râșniță de cafea și tăiați pentru a elibera aromele aromate.

2. Puneți ghimbirul și citricele într-o pliculețe de ceai sau într-un pătrat de pânză de brânză și legați cu sfoară, astfel încât punga/pânza de brânză să rămână închisă. (Este aproape imposibil să culegi ierburi uscate din miere.)

3. Într-un borcan de halbă, turnați trei sferturi din mierea ușor încălzită deasupra pungii cu ierburi. Folosiți o bețișoară sau o frigărui pentru a amesteca mierea, îndepărtați bulele de aer și asigurați-vă că punga cu ierburi este complet umezită.

4. Completați borcanul cu mierea rămasă. Înșurubați bine capacul. Așezați borcanul ferit de lumina directă a soarelui, într-o zonă în care veți putea monitoriza procesul.

5. Lăsați aromele să se infuzeze timp de 2 săptămâni. Dacă aveți o problemă cu punga de condimente care plutește la suprafață, întoarceți borcanul cu susul în jos. Acest lucru va menține aromele scufundate și va amesteca puțin mierea.

6. După 2 săptămâni, scoateți plicul de ceai și păstrați mierea în cămară până la un an.

5. Sos BBQ cu miere de piersici

Randament: 1 cană

Timp de preparare: 30 de minute

Timp de gătire: 20 de minute

INGREDIENTE

16 felii de piersici deshidratate sau 1 cană de piersici proaspete feliate

2 lingurite ulei de masline

1 cană ceapă tocată

1 lingurita sare

1 lingurita pudra de chipotle

$\frac{1}{4}$ linguriță de chimen măcinat

un praf de ienibahar

$\frac{1}{4}$ cană miere

4 lingurite otet de mere

DIRECTII

1. Pune piersicile într-un castron mare, acoperiți cu apă caldă și lăsați la înmuiat timp de 30 de minute. Scurgeți și aruncați lichidul de înmuiere. Tocați grosier piersicile rehidratate. si pune deoparte.

2. Ungeți fundul unei cratițe medii cu ulei de măsline. La foc mediu, adăugați ceapa și gătiți până se înmoaie și începe să se rumenească, 5 minute.

3. Adăugați sare, chipotle, chimen și ienibahar și gătiți până când condimentele miros parfumat, aproximativ 30 de secunde.

4. Adăugați piersici rehidratate, miere și oțet și amestecați pentru a acoperi.

5. Acoperiți cratita, creșteți focul la mediu-mare și gătiți până când piersicile sunt complet moi și se descompun, 15 minute.

6. Transferați într-un blender pentru a face piure sau folosiți un blender de imersie. Adăugați suplimentar oțet de mere pentru un sos mai subțire.

6. Unt de pere condimentat pentru cuptor lent

Randament: 3 căni

Timp de pregătire: 1 oră

Timp de gătire: 4 până la 8 ore

INGREDIENTE

Secțiuni de pere deshidratate de 1 kg

¼ cană zahăr brun

1 lingura scortisoara

1 lingurita de ghimbir macinat

½ lingurita de nucsoara macinata

DIRECTII

1. Adăugați perele deshidratate într-un cuptor lent și adăugați suficientă apă pentru a acoperi fructele. Cu capacul închis, gătiți la foc mic timp de 1 oră până când perele se rehidratează.

2. Adăugați ingredientele rămase în aragazul lent, amestecați pentru a se combina și acoperiți.

3. Gatiti 4 ore la maxim sau 6 pana la 8 ore la mic.

4. Folosiți un blender de imersie pentru a face piureul amestecului sau transferați-l într-un blender și amestecați în loturi mici.

5. Păstrați la frigider până la 3 săptămâni.

7. Unt de arahide prăjit de casă

Randament: ½ cană

Timp de preparare: 20 de minute

Timp de gătire: 5 minute

INGREDIENTE

2 cani de arahide deshidratate

miere, după gust

DIRECTII

1. Preîncălziți cuptorul la 300°F.

2. Întindeți alune de cel mult ½ inch grosime pe o tavă de copt. Se prăjește timp de 20 de minute. Cand sunt prajite corespunzator, vor fi usor rumenite si vor avea gustul de alune, de nuca si placut, nu ca de fasole.

3. Într-un robot de bucătărie, măcinați alunele prăjite până se formează unt, aproximativ 5 minute. Răzuiți părțile laterale și adăugați miere după gust, procesând încă un minut până ajunge la consistența dorită. Se poate adăuga ulei vegetal sau de arahide suplimentar dacă doriți unt de arahide mai subțire.

8. Sos cremos de salată de castraveți

Randament: 2 cani

Timp de preparare: 15 minute

INGREDIENTE

1 cană chipsuri de castraveți deshidratate

½ cană ceapă verde deshidratată

½ linguriță de usturoi uscat

¾ cană smântână ușoară

1 lingura maioneza usoara

1 lingura suc de lamaie

1 linguriță de iarbă de mărar uscată, busuioc sau pătrunjel

DIRECTII

1. Puneți chipsurile de castraveți și ceapa într-un castron mare, acoperiți cu apă rece și lăsați la înmuiat timp de 15 minute. Scurgeți și aruncați lichidul de înmuiere.

2. Mixați legumele rehidratate și ingredientele rămase într-un blender sau într-un robot de bucătărie mic până la omogenizare.

3. Adăugați un strop de lapte dacă dressing-ul trebuie să fie subțiat.

LEGUME PUDRATE

9. Pudră de roșii

Randament: ⅔ cană

Timp de preparare: 5 minute

INGREDIENTE

1 cană de roșii deshidratate, împărțite

DIRECTII

1. În loturi de ¼ de cană, măcinați roșiile deshidratate într-un robot de bucătărie, blender sau râșniță de cafea până când roșiile ajung sub formă de pulbere.

2. Transferați într-o strecurătoare cu plasă și, folosind o spatulă, mutați bucățile până când pulberea cade prin plasă.

10. Pudră de cartofi dulci

Randament: 2 cani de piure, ½ cana de pulbere

Timp de preparare: 60 de minute

Timp de gătire: 5 până la 8 ore

INGREDIENTE

2 kilograme de cartofi dulci

DIRECTII

1. Curățați cartofii dulci sau lăsați pielea pentru un beneficiu nutrițional suplimentar. Tăiați în fâșii subțiri. Fierbeți timp de 10 până la 15 minute, până când cartofii dulci sunt moi, apoi scurgeți și rezervați lichidul de gătit. Alternativ, coaceți fâșii întregi și tăiate când sunt gătite.

2. Piureați cartofii dulci până la o consistență netedă. Diluați cu apă, de preferință lichid de gătit, dacă este necesar.

3. Întindeți ½ cană de piure de cartofi pe fiecare foaie Paraflexx, tavă căptușită cu folie de plastic sau pe foi de piele de fructe. Se întinde FOARTE subțire.

4. Uscați la 135°F timp de 4 până la 6 ore. Când blatul este uscat, întoarceți foile de cartofi dulci, scoateți folia de tavă și uscați partea inferioară pentru încă 1-2 ore dacă este necesar.

5. Opriți uscarea când foile de cartofi dulci sunt crocante, iar produsul se sfărâmă.

6. Procesați într-o pulbere adăugând scoarța de cartof dulci deshidratată într-un blender sau robot de bucătărie și amestecând.

11. Sare de telina

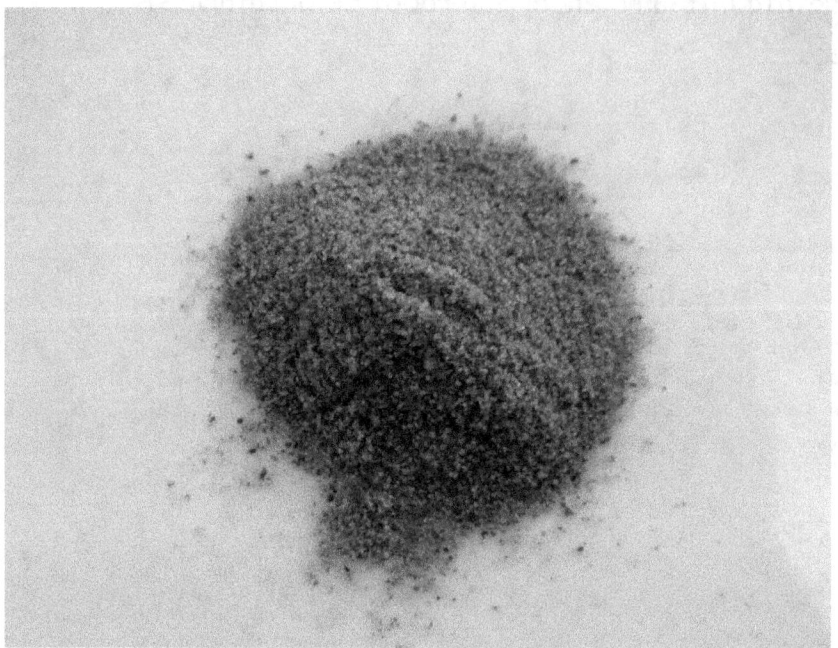

Randament: 1 cană

Timp de preparare: 5 minute

INGREDIENTE

½ cană de tulpini și frunze de țelină uscate

½ cană sare kosher, plus mai mult, după cum este necesar

DIRECTII

1. Măcinați țelina într-o râșniță de cafea sau într-un robot de bucătărie până se măcina fin.

2. Adăugați sarea kosher și procesați în rafale scurte timp de un minut, până când amestecul ajunge la consistența pe care o căutați. Joacă-te cu proporția de sare și țelină pentru a se potrivi gustului tău.

12. Amestec de pulbere verde

Randament: 2 cani de pulbere

Timp de preparare: 5 minute

Timp de gătire: 4 până la 8 ore

INGREDIENTE

6 cesti frunze proaspete de spanac

6 cesti frunze de varza proaspata

DIRECTII

1. Nu este necesar să tăiați frunzele de legume înainte de deshidratare; cu toate acestea, poate doriți să îndepărtați coastele dure, tulpinile și semințele.

2. Uscați legumele la 100°F și începeți să verificați uscarea după 4 ore. În funcție de mărimea frunzelor și de grosimea lor, acest lucru poate dura până la 8 ore.

3. Odată uscate, frecați frunzele între mâini pentru a le rupe în bucăți mai mici. Măcinați bucățile într-un robot de bucătărie, blender sau râșniță de cafea până când verdeața ajunge la forma de pulbere. Se strecoară pulberea printr-o sită. Amestecă din nou bucățile mari până când totul este pudrat.

FRUCTE DESHIDRATATE

13. Nucă de cocos măruntită

Randament: 2 până la 3 căni

Timp de preparare: 20 de minute

Timp de gătire: 6 până la 10 ore

INGREDIENTE

1 nucă de cocos proaspătă mică, decorticată

DIRECTII

1. Faceți o gaură în vârful nucii de cocos și scurgeți laptele.

2. Folosind un ciocan, spargeți nuca de cocos în jumătate de-a lungul semnului central. Scoateți învelișul exterior dur.

3. Îndepărtați membrana moale exterioară cu un curățător de legume sau cu un cuțit ascuțit.

4. Rade carnea proaspătă de cocos în mai multe moduri.

5. Uscați bucăți mici și medii pe o tavă de deshidratare la 110°F timp de 6 până la 8 ore. Bucățile groase de nucă de cocos pot dura până la 10 ore pentru a se termina.

14. Făină de cocos

Randament: ½ cană

Timp de preparare: 5 minute

Timp de gătire: 2 până la 4 ore

INGREDIENTE

1 cană nucă de cocos mărunțită (pagina 96)

2 căni de apă

DIRECTII

1. Puneți nuca de cocos mărunțită într-un blender cu 2 căni de apă. Procesați la mare până nuca de cocos este tocată mărunt.

2. Strecurați laptele printr-o pungă de jeleu; economisiți de băut.

3. Luați pulpa, întindeți-o pe o foaie Paraflexx de deshidratare și uscați-o la 110°F timp de 2 până la 4 ore.

4. Odată uscată, procesează pulpa deshidratată într-o pulbere fină. Această făină de nucă de cocos va avea mai puțină grăsime și, de asemenea, va necesita mai multă apă sau ou atunci când este folosită în rețete.

Varianta: Puteți să omiteți apa și să procesați nuca de cocos mărunțită în cantități mici într-un blender până când obține consistența unei pudre fine. Această făină are un conținut mai mare de grăsimi și nu va fi la fel de uscată în rețete.

15. Rulouri cu banane cu capsuni

Randament: 3 tavi mari, 24 rulouri

Timp de preparare: 10 minute

Timp de gătire: 6 până la 8 ore

INGREDIENTE

2 kilograme de căpșuni, decojite

3 banane coapte de mărime medie

miere (optional)

apă sau suc de fructe, după caz

DIRECTII

1. Tăiați căpșunile în sferturi, apoi adăugați într-un blender.

2. Rupeți bananele în bucăți de 2 inci, apoi adăugați-le în blender.

3. Adăugați miere după gust, dacă doriți.

4. Urmând instrucțiunile fără gătire pentru pielea de fructe de la pagina 38, amestecați fructele până la omogenizare. Adăugați apă sau suc în trepte de 1 lingură, după cum este necesar, pentru a dilua amestecul.

5. Acoperiți tăvile de deshidratare cu o tavă de plastic din piele de fructe sau folie de plastic. Turnați amestecul în cantități

egale pe tăvi de deshidratare. Acoperiți cu capace pentru tăvi sau folie de plastic. Se usucă la 125°F timp de 6 până la 8 ore.

16. Piele de măr scorțișoară

Randament: 4 tavi mari, 36 rulouri

Timp de preparare: 40 de minute

Timp de gătire: 6 până la 10 ore

INGREDIENTE

8 mere dulci, decojite și fără miez

1 cană apă

scortisoara macinata, dupa gust

2 linguri suc de lamaie

zahăr, după gust (opțional)

DIRECTII

1. Tăiați grosier merele. Adăugați mere și apă într-o oală mare. Acoperiți și fierbeți la foc mediu-mic timp de 15 minute.

2. Pasează merele în oală, apoi adaugă scorțișoară, suc de lămâie și zahăr, dacă folosești. Se fierbe timp de 10 minute.

3. Lăsați amestecul să se răcească, apoi treceți mici loturi de mere printr-un blender sau o moară până când se formează un piure consistent.

4. Acoperiți tăvile de deshidratare cu o tavă de plastic din piele de fructe sau folie de plastic. Întinde piureul pe tăvi de deshidratare pentru a forma un strat gros de $\frac{1}{4}$ de inch.

Acoperiți cu capace pentru tăvi sau folie de plastic. Se usucă la 125°F timp de 6 până la 10 ore.

17. Piele de plăcintă cu dovleac

Randament: 3 tavi mari, 24 rulouri

Timp de pregătire: 5 până la 20 de minute dacă folosiți dovleac conservat; 40 până la 60 de minute pentru dovleac proaspăt

Timp de gătire: 8 până la 10 ore

INGREDIENTE

1 cutie de dovleac (29 uncii) sau 3 căni de dovleac proaspăt, fiert și făcut piure

$\frac{1}{4}$ cană miere

$\frac{1}{4}$ cană sos de mere

2 lingurite de scortisoara macinata

$\frac{1}{2}$ lingurita de nucsoara macinata

$\frac{1}{2}$ lingurita cuisoare pudra

$\frac{1}{2}$ linguriță de ghimbir măcinat

DIRECTII

1. Amestecă toate ingredientele într-un castron mare până se formează piureul.

2. Acoperiți tăvile de deshidratare cu o tavă de plastic din piele de fructe sau o folie de plastic. Întindeți piureul pe tăvi de deshidratare pentru a forma un strat gros de $\frac{1}{4}$ de inch.

Acoperiți cu capace pentru tăvi sau folie de plastic. Se usucă la 130°F timp de 8 până la 10 ore.

18. Piele de tomate din amestec de pizza

Randament: 2 tavi mari, 16 rulouri

Timp de preparare: 40 de minute

Timp de gătire: 8 până la 12 ore

INGREDIENTE

1 kilogram de roșii, fără miez și tăiate în sferturi

½ linguriță amestec de condimente pentru pizza (opțional)

DIRECTII

1. Gatiti rosiile intr-o cratita medie acoperita la foc mic timp de 15 pana la 20 de minute. Se ia de pe foc si se lasa sa se raceasca cateva minute.

2. Puneți roșiile fierte într-un blender sau robot de bucătărie până se omogenizează. Adăugați condimente, dacă folosiți, și amestecați.

3. Reveniți piureul în cratiță și încălziți până când apa s-a evaporat și sosul s-a îngroșat.

4. Acoperiți tăvile de deshidratare cu o tavă de plastic din piele de fructe sau folie de plastic. Întindeți piureul de roșii pe tăvi de deshidratare pentru a forma un strat gros de ¼ inch. Acoperiți cu capace pentru tăvi sau folie de plastic. Se usucă la 135°F timp de 8 până la 12 ore.

19. Piele vegetală mixtă

Randament: 1 tavă mare, 8 rulouri

Timp de preparare: 40 de minute

Timp de gătire: 4 până la 8 ore

INGREDIENTE

2 căni de roșii, fără miez și tăiate în bucăți

1 ceapa mica, tocata

$\frac{1}{4}$ cană țelină tocată

1 crenguță busuioc

Sarat la gust

DIRECTII

1. Gătiți toate ingredientele într-o cratiță medie acoperită, la foc mic, timp de 15 până la 20 de minute. Se ia de pe foc si se lasa sa se raceasca cateva minute.

2. Se adaugă într-un blender și se pasează până la omogenizare.

3. Reveniți piureul în cratiță și încălziți până când apa s-a evaporat și sosul s-a îngroșat.

4. Acoperiți tăvile de deshidratare cu o tavă de plastic din piele de fructe sau folie de plastic. Întindeți piureul pe tăvi de deshidratare pentru a forma un strat gros de $\frac{1}{4}$ de inch. Acoperiți cu capace pentru tăvi sau folie de plastic. Se usucă la

135 ° F, până când este flexibil (pentru o ambalare), aproximativ 4 ore, sau până când este crocantă (pentru a fi folosit în supe și caserole), 6 până la 8 ore.

20. Wrapuri cu roșii

Randament: 2 tăvi mari, 6 împachetări

Timp de preparare: 5 minute

Timp de gătire: 4 ore

INGREDIENTE

2 kg de roșii, fără miez și tocate

condimente, dupa gust

DIRECTII

1. Puneți roșiile proaspete într-un blender sau robot de bucătărie până se omogenizează.

2. Adăugați condimente după cum doriți.

3. Acoperiți tăvile de deshidratare cu o tavă de plastic din piele de fructe sau o folie de plastic. Întinde piureul pe tăvi de deshidratare pentru a forma un strat gros de $\frac{1}{4}$ de inch. Acoperiți cu capace pentru tăvi sau folie de plastic. Se usucă la 125 ° F până când este flexibil și poate fi îndepărtat din tăvi, dar nu crocantă, aproximativ 4 ore.

AMEJURI DE CONDIMENTE

21. Amestec de condimente cajun

Randament: 1½ cani

INGREDIENTE

¼ cană pudră de usturoi

¼ cană cușer sau sare de mare

½ cană boia de ardei

2 linguri de piper

2 linguri praf de ceapa

2 linguri oregano uscat

1 lingura de cimbru uscat

1 lingură pudră de cayenne (opțional)

DIRECTII

Amestecă toate ingredientele într-un borcan cu suficient spațiu pentru a agita ingredientele.

22. Amestec de condimente pentru friptură

INGREDIENTE

2 linguri sare grunjoasă

1 lingura piper

1 lingura coriandru

1 lingură semințe de muștar

½ lingură semințe de mărar

½ lingură fulgi de ardei roșu

DIRECTII

Se amestecă și se trece printr-o moară de condimente sau o râșniță de cafea pentru a obține o pulbere. Folosiți ½ lingură la 1½ kg de carne.

23. Amestec de condimente pentru pizza

INGREDIENTE

1½ linguriță busuioc uscat

1½ linguriță de oregano uscat

1½ linguriță ceapă uscată

1½ linguriță de rozmarin uscat

½ linguriță de cimbru uscat

½ linguriță de usturoi pudră

½ lingurita sare

½ linguriță fulgi de ardei roșu

DIRECTII

Se amestecă și se trece printr-o moară de condimente sau o râșniță de cafea pentru a obține o pulbere. Utilizați ½ lingură pe kilogram de roșii.

24. Amestec de condimente creole

Randament: aproximativ ½ cană

INGREDIENTE

1 lingura praf de ceapa

1 lingura praf de usturoi

1 lingura busuioc uscat

½ lingură de cimbru uscat

½ lingură piper negru

½ lingură piper alb

½ lingură piper cayenne

2½ linguri boia

1½ linguriță sare

DIRECTII

Combinați praf de ceapă, pudră de usturoi, busuioc uscat, cimbru uscat, piper, boia de ardei și sare într-un castron mic. Amestecați bine.

25. Condimente pe bază de plante

Randament: 1 porție

INGREDIENT

½ lingurita ardei iute macinat

1 lingură pudră de usturoi

1 lingurita fiecare busuioc uscat, maghiran uscat, cimbru uscat, patrunjel uscat,

Ciuroase uscate, buzdugan, praf de ceapa, piper negru proaspat macinat, pudra de salvie.

DIRECTII:

Combinați ingredientele, păstrați într-un recipient ermetic într-un loc răcoros, uscat și întunecat până la șase luni.

26. Mix de plante etiopiene (berbere)

Randament: 1 porție

INGREDIENT

2 lingurițe semințe de chimen întregi

cate 4 cuisoare intregi

¾ linguriță de semințe de cardamom negru

½ linguriță Boabe de piper negru întregi

¼ de linguriță de ienibahar întreg

1 lingurita seminte de schinduf

½ linguriță semințe întregi de coriandru

10 ardei iute roșii mici

½ linguriță de ghimbir ras

¼ linguriță de turmeric

2½ linguri boia dulce maghiară

⅛ linguriță scorțișoară

⅛ linguriță cuișoare măcinate

DIRECTII:

Într-o tigaie mică, la foc mic, prăjiți chimion, cuișoare, cardamom, boabe de piper, ienibahar, schinduf și coriandru timp de aproximativ 2 minute, amestecând continuu

Se ia de pe foc și se răcește timp de 5 minute. Aruncați tulpinile de ardei iute. Într-o râșniță de condimente sau cu un mojar și pistil, măcinați fin condimentele prăjite și ardeii iute.

Amestecați restul de ingrediente.

27. Mix de sos pentru salată de plante

Randament: 1 porție

INGREDIENT

¼ cană fulgi de pătrunjel

2 linguri Fiecare oregano uscat, busuioc și maghiran, mărunțite

2 linguri de zahăr

1 lingură semințe de fenicul, zdrobite

1 lingură muștar uscat

1½ linguriță piper negru

DIRECTII:

Puneți toate ingredientele într-un borcan de 1 litru, acoperiți ermetic și agitați bine pentru a se amesteca. A se păstra într-un loc răcoros, întunecat și uscat

Face 1 cană pentru a face dressing de vinaigretă pe bază de plante: într-un castron mic, amestecați 1 lingură de amestec de sos pentru salată de ierburi, ¾ de cană de apă caldă, 2½ linguri de oțet de tarhon sau de vin alb, 1 lingură de ulei de măsline și 1 cățel de usturoi zdrobit.

Gustați și adăugați ¼ până la ½ linguriță de amestec de sos pentru salată de ierburi dacă doriți o aromă mai puternică. Lăsați să stea la temperatura camerei cel puțin 30 de minute înainte de utilizare, apoi bateți din nou.

28. Oțet amestecat de plante

Randament: 1 porție

Ingredient

- 1 litru de oțet de vin roșu
- 1 bucată oțet de cidru
- 2 căței de usturoi curățați și tăiați în jumătate
- 1 Ramă tarhon
- 1 crenguță de cimbru
- 2 crengute de oregano proaspat
- 1 busuioc dulce Tulk mic
- 6 boabe de piper negru

Directii:

Turnați vin roșu și oțet de cidru într-un borcan de litru. Adăugați usturoiul, ierburile, boabele de piper și acoperiți. Se lasa la loc racoros, ferit de soare, timp de trei saptamani. Agitați din când în când. Se toarnă în sticle și se oprește cu dop.

29. Pesto amestecat de ierburi

Randament: 1 porție

INGREDIENT

1 cană pătrunjel proaspăt cu frunze plate

½ cană frunze de busuioc proaspăt la pachet;

1 lingură frunze de cimbru proaspăt

1 lingura frunze proaspete de rozmarin

1 lingura frunze proaspete de tarhon

½ cană parmezan proaspăt ras

⅓ cană ulei de măsline

¼ cană nuci; auriu prajit

1 lingura otet balsamic

DIRECTII:

Intr-un robot de bucatarie amestecati toate ingredientele cu sare si piper dupa gust pana se omogenizeaza. (Pesto se păstrează, suprafața acoperită cu folie de plastic, la rece, 1 săptămână.)

30. Marinada de muștar-ierburi

Randament: 1 porție

INGREDIENT

½ cană de muștar Dijon

2 linguri muștar uscat

2 linguri ulei vegetal

¼ cană vin alb sec

2 linguri Tarhon uscat

2 linguri de cimbru uscat

2 linguri Salvie uscată, zdrobită

DIRECTII:

Se amestecă toate ingredientele într-un bol. Se lasa sa stea 1 ora. Adăugați pui sau pește și acoperiți bine. Se lasa sa stea in marinada. Uscați cu prosoape de hârtie

Utilizați marinada rămasă pentru a unge peștele sau puiul chiar înainte de a fi scos de pe grătar.

31. Sos de desert pe bază de plante

Randament: 1 porție

INGREDIENT

⅓ cană smântână grea

¾ cană zară

1 lingurita coaja rasa de lamaie

¼ linguriță de ghimbir măcinat

⅛ linguriță cardamom măcinat

¼ cană Garam masala, ienibahar sau

Nucșoară

DIRECTII:

Bateți smântâna într-un castron de mărime medie, răcit până se formează vârfuri moi.

Amestecați restul de ingrediente într-un castron mic și amestecați ușor în cremă. Sosul trebuie să aibă consistența unei smântână groasă.

32. Sos de plante cu citrice

Randament: 1 porție

INGREDIENT

½ ardei gras rosu de marime medie,

2 roșii medii, tăiate

½ cană busuioc proaspăt împachetat

2 catei de usturoi, tocati

½ cană suc proaspăt de portocale

½ cană pătrunjel proaspăt

¼ cană oțet de zmeură

1 lingură muștar uscat

2 lingurițe frunze de cimbru proaspăt

2 lingurițe Tarhon proaspăt

2 lingurițe de oregano proaspăt

Piper negru

DIRECTII:

Combinați toate ingredientele într-un blender sau robot de bucătărie și amestecați până se face piure.

33. Sos de cabană-ierburi

Randament: 6 portii

INGREDIENT

1 lingura de lapte

12 uncii de brânză de vaci

1 lingurita suc de lamaie

1 felie mică de ceapă -- subțire

3 ridichi -- tăiate la jumătate

1 lingurita de ierburi de salata mixte

1 crenguță de pătrunjel

¼ lingurita Sare

DIRECTII:

Puneți laptele, brânza de vaci și sucul de lămâie într-un recipient pentru blender și amestecați până la omogenizare. Adăugați ingredientele rămase în amestecul de brânză de vaci și amestecați până când toate legumele sunt tocate.

34. Mix de ierburi de provence

Randament: 1 porție

INGREDIENT

½ cană de cimbru întreg uscat

¼ cană busuioc uscat întreg

2 linguri oregano uscat întreg

2 linguri rozmarin uscat întreg

DIRECTII:

Se amestecă bine condimentele. Depozitați într-un recipient etanș

35. Marinada cu ierburi și ulei

Randament: 1 porție

INGREDIENT

Sucul și coaja de 1 portocală

$\frac{1}{4}$ cană suc de lămâie

$\frac{1}{4}$ cană ulei vegetal

$\frac{1}{2}$ linguriță de ghimbir

$\frac{1}{2}$ linguriță de salvie

1 cățel de usturoi, tocat

Piper proaspăt măcinat

DIRECTII:

Combinați ingredientele. Lăsați carnea să se marineze într-un vas de sticlă puțin adânc timp de 4 ore la frigider. Ungeți cu marinată în timpul coacerii la grătar sau la grătar.

36. Oțet ușor de plante

Randament: 1 porție

INGREDIENT

4 crengute rozmarin proaspat

DIRECTII:

Pentru a face oțet de plante, puneți ierburi clătite și uscate și orice condimente într-o sticlă de vin sterilizată de 750 ml și adăugați aproximativ 3 căni de oțet, umplându-se până la ¼ inch de partea de sus. Opriți cu un dop de plută nou și lăsați deoparte timp de 2 până la 3 săptămâni pentru a se înmuia. Oțetul are o perioadă de valabilitate de cel puțin 1 an.

Cu oțet de vin roșu, folosiți: 4 fire de pătrunjel proaspăt, 2 linguri de boabe de piper negru

37. Pesto de macriș-arpagic

Randament: 1 porție

INGREDIENT

1 cană de măcriș

4 linguri Șolă; tocat fin

4 linguri nuci de pin; sol

3 linguri patrunjel; tocat

3 linguri Arpagic; tocat

Coaja rasa a 4 portocale

¼ Ceapa, rosie; tocat

1 lingura Mustar, uscat

1 lingurita Sare

1 lingurita Piper, negru

1 praf de piper, cayenne

¾ cană de ulei. măsline

DIRECTII:

Amesteca macrisul, salota, nucile de pin, patrunjelul, arpagicul, coaja de portocala si ceapa intr-un robot de bucatarie sau blender.

Adăugați muștar uscat, sare, piper și cayenne și amestecați din nou. Stropiți încet ulei în timp ce lama se mișcă.

Transferați în borcane de sticlă călită.

38. Sos de castraveți cu ierburi

Randament: 12 portii

INGREDIENT

½ cană pătrunjel

1 lingură Mărar proaspăt, tocat

1 lingurita tarhon proaspat, tocat

2 linguri concentrat de suc de mere

1 castravete mediu, decojit, fără sămânță

1 cățel de usturoi, tocat

2 Cepe verzi

1½ linguriță oțet de vin alb

½ cană iaurt cu conținut scăzut de grăsimi

¼ linguriță de muștar de Dijon

DIRECTII:

Combinați toate ingredientele cu excepția iaurtului și muștarului în blender. Se amestecă până la omogenizare, se amestecă cu iaurt și muștar. A se păstra la frigider

39. Frec pecan cu ierburi

Randament: 1 porție

INGREDIENT

½ cană nuci pecan -- sparte

3 catei de usturoi -- taiati

½ cană oregano proaspăt

½ cană de cimbru proaspăt

½ linguriță coajă de lămâie

½ lingurita piper negru

¼ lingurita Sare

¼ cană ulei de gătit

DIRECTII:

Într-un blender sau robot de bucătărie, combinați toate ingredientele, CU EXCEPȚIA uleiului.

Acoperiți și amestecați de mai multe ori, răzuind părțile laterale, până se obține o pastăforme.

Cu mașina în funcțiune, adăugați treptat ulei până când amestecul formează o pastă.

Frecați pe pește sau pui.

40. Sos cu plante aromatice

Randament: 1

INGREDIENT

¾ cană suc de struguri albi; sau suc de mere

¼ cană oțet de vin alb

2 linguri de pectină de fructe pudră

1 lingurita mustar de Dijon

2 catei de usturoi; zdrobit

1 lingurita fulgi de ceapa uscati

½ lingurita busuioc uscat

½ linguriță de oregano uscat

¼ lingurita piper negru; măcinat grosier

DIRECTII:

Într-un castron mic, combinați sucul de struguri, oțetul și pectina; se amestecă până se dizolvă pectina. Se amestecă muștarul și ingredientele rămase; amesteca bine. A se păstra la frigider

41. Frec usturoi-lămâie-ierburi

Randament: 1 porție

INGREDIENT

¼ cană usturoi; tocat

¼ cană coajă de lămâie; răzuit

½ cană pătrunjel; proaspăt, tocat fin

2 linguri Cimbru; proaspăt tocat

2 linguri Rozmarin

2 linguri de salvie; proaspăt, tocat

½ cană ulei de măsline

DIRECTII:

Într-un castron mic, combinați ingredientele și amestecați bine. Utilizați în ziua în care este amestecat.

42. Dolce latté ierburi

Randament: 6 portii

INGREDIENT

450 mililitri Smântână

150 grame dolce latté; sfărâmat

1 lingura suc de lamaie

4 linguri de maioneza

2 linguri Pasta blanda de curry

1 ardei roșu; tăiate cubulețe

1 50 de grame de brânză moale plină de grăsime; (2 oz.)

1 ceapa mica; tăiate mărunt

2 linguri ierburi amestecate

2 linguri piure de rosii

Sare și piper negru proaspăt măcinat

Cruditate de legume și pâine pita feliată

DIRECTII:

Împărțiți smântâna în 3 boluri mici. Într-un castron, adăugați dolce latté și sucul de lămâie, în al doilea castron, adăugați 2 linguri de maioneză, pastă de curry și ardei roșu. În cel de-al treilea castron adăugați brânză moale plină de grăsime, ceapa, ierburile și piureul de roșii.

Adăugați condimente după gust în fiecare dintre boluri și amestecați bine. Transferați dips-urile în feluri de mâncare și serviți răcite cu crudités de legume și pâine pita feliată.

43. Amestec francez de ierburi

Randament: 2 cani

INGREDIENT

½ cană de Tarhon

½ cană cervil

2 linguri frunze de salvie

½ cană de cimbru

2 linguri Rozmarin

5 linguri Arpagic

2 linguri coaja de portocala, deshidratata

2 linguri semințe de țelină, măcinate

DIRECTII:

Turnați totul împreună și amestecați până se combină bine. Ambalați în borcane mici și etichetați

Se sfărâmă mirodeniile în mână când le folosiți.

Măsurați condimentele în volum, nu în greutate, din cauza variației mari a conținutului de umiditate.

44. Unt de ierburi și condimente

Randament: 1 porție

INGREDIENT

8 linguri de unt inmuiat

2 linguri Rozmarin proaspăt, tocat

1 lingura Tarhon proaspat, tocat

1 lingură Arpagic proaspăt, tocat

1 lingură pudră de curry

DIRECTII:

Bateți untul înmuiat până devine cremos. Amestecați restul de ingrediente.

Pune untul pe hârtie cerată and formați o rolă cu un cuțit plat.

Lăsați untul să se odihnească la frigider pentru cel puțin două ore, astfel încât untul să absoarbă complet aroma ierburilor.

45. Sos de legume pe bază de plante

Randament: 1 porție

INGREDIENT

½ lingurita patrunjel proaspat

½ linguriță Tarhon proaspăt

½ linguriță Arpagic proaspăt

½ linguriță Chervil proaspăt

3 linguri otet de vin

9 linguri ulei de masline

1 lingurita mustar de Dijon

½ lingurita Sare

½ lingurita piper negru

DIRECTII:

Tocați ierburile proaspete, rezervând câteva frunze pentru a le folosi ca garnitură.

Pune toate ingredientele într-un castron mic. Se bate energic cu un tel până se omogenizează bine.

Se ornează cu frunze proaspete și se servește imediat.

46. Dip de slănină, roșii și ierburi

Randament: 1 porție

INGREDIENT

1 container; (16 oz.) smântână

1 lingura Busuioc

1 lingura de condimente Beau Monde

1 roșie medie

8 felii de bacon fierte si maruntite

DIRECTII:

Într-un castron mediu, amestecați toate ingredientele până se omogenizează bine. Acoperiți și răciți 2 ore sau peste noapte.

47. Iarbă de usturoi întinsă

Randament: 8 porții

INGREDIENT

1 Cap de usturoi

4 roșii uscate la soare; neambalat în ulei

1 cană brânză cu iaurt fără grăsimi

½ linguriță sirop de arțar

2 linguri busuioc proaspăt; tocat

½ linguriță fulgi de ardei roșu

¼ linguriță sare de mare; proaspăt măcinat

Pâine italiană; feliat; opțional

DIRECTII:

Înveliți capul de usturoi în folie de aluminiu și coaceți într-un cuptor preîncălzit la 375F timp de 35 de minute.

Aduceți roșiile uscate la soare la fiert într-o cantitate mică de apă. Lăsați să stea 15 minute, apoi scurgeți pe prosoape de hârtie. Tăiați mărunt când este uscat.

Combinați toate ingredientele, cu excepția pâinii, cu un tel de sârmă. Lăsați să stea cel puțin 30 de minute.

48. Chevre cu ierburi răspândite

Randament: 8 porții

INGREDIENT

4 uncii cremă de brânză simplă

4 uncii Chevre

Ierburi proaspete -- după gust

DIRECTII:

Dacă folosiți propriile ierburi, rozmarinul, tarhonul și cimentul de vară sunt alegeri bune, singure sau în combinație.

Folosiți tartina pentru a umple mazăre de zăpadă sau cu zahăr, întinsă pe rondele de castraveți sau dovlecei, biscuiți de mâncare dulci, biscuiți cu apă sau covrigi în miniatură ușor prăjiți.

VITĂ

49. Jerky mea clasică de vită

Randament: ¾ de liră

Timp de preparare: 15 minute, plus peste noapte

Timp de gătire: 5 până la 8 ore

INGREDIENTE

1½ kg carne de vită slabă

2 cani de otet alb

Saramură clasică de vită

¼ cană sos de soia

⅓ cană sos Worcestershire

1 lingura sos gratar

½ lingurita piper

½ lingurita sare

½ lingurita ceapa

½ lingurita de usturoi

DIRECTII

1. Tăiați carnea de vită în felii de ¼ inch.

2. Într-un castron mediu, pretratează feliile de vită cu oțet alb timp de 10 minute. Scurgeți și aruncați oțetul alb.

3. Adăugați feliile de carne de vită scurse și ingredientele de saramură într-o pungă de 1 galon cu fermoar. Adăugați apă, dacă este necesar, pentru a acoperi complet carnea. Înmuiați peste noapte în frigider.

4. A doua zi, scurgeți saramura, așezați carnea astfel încât bucățile să nu se atingă și deshidratați la 160 ° F timp de 5 până la 8 ore până când este crocantă, dar flexibilă.

Saramură Teriyaki: Pentru o răsucire asiatică, utilizați aceste ingrediente pentru saramură: ⅔ cană sos teriyaki, 1 lingură sos de soia, ½ cană apă sau suc de ananas, ½ linguriță praf de ceapă, ½ linguriță usturoi proaspăt, ½ linguriță sare și ½ linguriță de piper .

Saramură Cajun picant: Dacă vă place picant, încercați o saramură Cajun: ½ cană de oțet balsamic, ⅓ cană sos Worcestershire, ⅓ cană apă, 1 lingură melasă, 1 lingură condiment Cajun, 1 linguriță boia afumată, ½ linguriță sare, ½ linguriță sare, piper și ¼ de linguriță pudră de cayenne.

50. Friptură de Vită Jerky

Randament: ¾ de liră

Timp de preparare: 15 minute, plus peste noapte

Timp de gătire: 5 până la 8 ore

INGREDIENTE

1½ kg carne de vită slabă

2 cani de oțet alb

Friptură de vită saramură

¼ cană oțet balsamic

⅓ cană sos Worcestershire

1 lingura melasa

1 lingură amestec de condimente pentru friptură (vezi rețeta de mai jos)

1 lingurita usturoi proaspat

1 lingurita praf de ceapa

DIRECTII

1. Tăiați carnea de vită în felii de ¼ inch.

2. Într-un castron mediu, pretratează feliile de vită cu oțet alb timp de 10 minute. Scurgeți și aruncați oțetul alb.

3. Adăugați feliile de carne de vită scurse și ingredientele de saramură într-o pungă de 1 galon cu fermoar. Adăugați apă, dacă este necesar, pentru a acoperi complet carnea. Înmuiați peste noapte în frigider.

4. A doua zi, scurgeți saramura, așezați carnea astfel încât bucățile să nu se atingă și deshidratați la 160 ° F timp de 5 până la 8 ore până când este crocantă, dar flexibilă.

SUPĂ

51. Supă de conopidă

Randament: 6 căni

Timp de preparare: 40 de minute

Timp de gătire: 15 minute

INGREDIENTE

2 cani de conopida deshidratata

$\frac{1}{8}$ cană ceapă deshidratată

$\frac{1}{8}$ cană țelină deshidratată

2 felii de usturoi deshidratat

$2\frac{1}{2}$ căni de apă

$\frac{1}{8}$ cană de quinoa

4 cani de supa de legume

piper, dupa gust

Sarat la gust

condimente, după gust

DIRECTII

1. Puneți conopida, ceapa, țelina și usturoiul într-un castron mare și acoperiți cu $2\frac{1}{2}$ căni de apă clocotită. Înmuiați până când legumele sunt aproape rehidratate, aproximativ 30 de minute. Scurgeți și aruncați lichidul de înmuiere.

2. Într-o cratiță mare, adăugați legumele, quinoa, supa de legume, sare, piper și condimente, după gust. Gatiti la foc mediu timp de 15 minute, pana cand conopida si quinoa sunt moi si complet fierte.

3. Se ia de pe foc și se toarnă bucăți mici într-un blender pentru a amesteca. Fii atent – va fi foarte cald. Se amestecă până la omogenizare, 45 până la 60 de secunde.

52. Supă de sparanghel

Randament: 6 căni

Timp de preparare: 10 minute

Timp de gătire: 20 de minute

INGREDIENTE

2 cani de sparanghel deshidratat

1 cană apă

2 linguri de unt sau ulei de masline extravirgin

½ linguriță de busuioc uscat sau 10 frunze de busuioc proaspăt, tocate

4 cesti supa sau bulion de pui

sare si piper, dupa gust

DIRECTII

1. Puneți sparanghelul și apa într-o cratiță și fierbeți la foc mediu timp de 5 până la 10 minute până când bucățile de sparanghel sunt pline. Scurgeți și rezervați lichidul de sparanghel.

2. Adăugați sparanghelul, untul și busuiocul într-o oală la foc mediu până când untul se topește, aproximativ 1 minut.

3. Adăugați supa de pui și apa de sparanghel în oală și aduceți căldura la mare până când amestecul ajunge la fierbere.

Reduceți focul și fierbeți timp de 10 minute. Luați de pe foc și răciți aproximativ 5 minute.

4. În loturi mici, turnați supa caldă într-un blender și pasați-o până la textura dorită. După piure, transferați loturi mici într-un castron mare pentru a le păstra separate. Îmi place să păstrez câteva loturi de blender cu bucăți mai mari, astfel încât supa să aibă textură.

5. Reveniți amestecul în oală și adăugați sare și piper după gust.

53. Supă de legume Thermos

Randament: 2 cani

Timp de preparare: 5 minute

Timp de gătire: 4 ore

INGREDIENTE

⅓ cană legume uscate

¼ lingurita patrunjel uscat

¼ linguriță de busuioc dulce uscat

praf de usturoi

praf de ceapă

sare si piper, dupa gust

1 lingură spaghete, rupte în bucăți mici

2 căni de bulion de pui sau de vită fiert

DIRECTII

1. Umpleți un termos gol cu apă clocotită. Chiar înainte de a împacheta ingredientele în Thermos, turnați apa fierbinte.

2. Adăugați legumele uscate, pătrunjelul, busuiocul, pudra de usturoi, praf de ceapă, sare, piper și pastele la Thermos.

3. Aduceți bulionul de pui sau de vită la fierbere și turnați peste ingredientele uscate. Acoperiți rapid termosul și închideți-l bine. Dacă este posibil, agitați sau răsturnați Thermosul la fiecare oră până când este gata de mâncare.

CHIPSURI DESHIDRATATE

54. Chips de cartofi dulci

Randament: 6 căni

Timp de preparare: 15 minute

Timp de gătire: 4 până la 8 ore

INGREDIENTE

4 cartofi dulci mari

DIRECTII

1. Curățați cartofii sau lăsați coaja pentru un beneficiu nutrițional suplimentar.

2. Folosind o mandolină, tăiați fiecare cartof în rondele groase de $\frac{1}{8}$ inch.

3. Adăugați rondele într-o oală mare cu apă clocotită și gătiți până se înmoaie, aproximativ 10 minute. Scurgeți și aruncați lichidul. Nu gătiți prea mult; ar trebui să-și păstreze forma atunci când sunt manipulate.

4. Așezați rondele umede de cartofi dulci pe tăvi de deshidratare. Nu ar trebui să se atingă.

5. Presărați sare și condimente pe rondele de chipsuri (opțional).

6. Uscați la 125°F timp de 4 până la 8 ore până când chipsurile sunt crocante și centrele sunt gata.

55. Chips de varză

Randament: 2 cani

Timp de preparare: 5 minute

Timp de gătire: 4 până la 6 ore

INGREDIENTE

1 buchet de kale, tulpinile îndepărtate

1 lingura ulei de masline sau otet de mere

condimente, după dorință

DIRECTII

1. Tăiați frunzele de kale în fâșii de 2 până la 3 inci.

2. Ungeți ușor varza cu ulei de măsline sau folosiți oțet de mere ca alternativă săracă în grăsimi la ulei. Acest lucru oferă condimentului ceva la care să se respecte.

3. Presărați kale cu condimentul ales.

4. Așezați varza asezonată pe tăvi de deshidratare și uscați la 125°F timp de 4 până la 6 ore, până când sunt crocante.

56. Chips de dovlecel

Randament: 5 căni

Timp de preparare: 15 minute

Timp de gătire: 10 până la 12 ore

INGREDIENTE

4 dovlecei medii

$\frac{1}{4}$ cană oțet de mere

Sarat la gust

piper, dupa gust

pudră de chili, după gust

DIRECTII

1. Tăiați dovlecelul în rondele de $\frac{1}{4}$ inch grosime. Cel mai bine este să păstrați aceeași grosime pentru o uscare uniformă. Experimentați cu utilizarea unei lame de feliere cu tăietură șifonată care face creste în chipsuri; crestele au tendința de a oferi condimentelor mai multă zonă de apucat.

2. Adăugați oțet de mere, sare, piper și praf de chili într-un castron cu fund larg, nereactiv. Se amestecă până se încorporează.

3. Adăugați o mână de chipsuri crude în bol și amestecați până când sunt acoperite cu amestecul de oțet și condimente.

Separați bucățile care se lipesc și asigurați-vă că toate feliile de dovlecel sunt acoperite cu condimente.

4. Aranjați chipsurile pe tăvi de deshidratare. Se pot atinge, dar nu trebuie să se suprapună.

5. Uscați la 135°F timp de 10 până la 12 ore. Dacă aveți un deshidratator cu încălzire inferioară, poate fi necesar să rearanjați tăvile la jumătatea ciclului de uscare. După 5 ore, mutați tăvile de sus în jos, astfel încât chipsurile să fie uscate uniform.

57. Murături deshidratate pentru frigider

Randament: 1 litru

Timp de preparare: 5 minute

Timp de gătire: timp de așteptare de cel puțin 24 de ore

INGREDIENTE

1 cană oțet

1 cană apă

1½ linguriță sare de murătură sau sare kosher

1 cățel de usturoi, zdrobit

¼ linguriță de semințe de mărar

⅛ linguriță fulgi de ardei roșu

1½ cani de felii de castravete deshidratate sau sulițe

DIRECTII

1. Pentru a pregăti saramura, combinați oțetul, apa și sarea într-o cratiță mică la foc mare. Se aduce la fierbere, apoi se scoate imediat și se lasă să se răcească.

2. Adăugați usturoiul, semințele de mărar, fulgii de ardei roșu și feliile de castraveți deshidratați într-un borcan de conserve de dimensiunea unei halbe.

3. Turnați saramura răcită peste castraveți, umplând borcanul până la ½ inch de vârf. Este posibil să nu folosiți toată saramura.

4. Dați la frigider cel puțin 24 de ore înainte de a mânca. Castraveții se vor plini și vor deveni ca magie murături peste noapte.

58. Chips de prosciutto

INGREDIENTE

12 (1 uncie) felii de prosciutto

Ulei

DIRECTII:

Preîncălziți cuptorul la 350°F.

Tapetați o foaie de copt cu hârtie de copt și întindeți felii de prosciutto într-un singur strat. Coaceți 12 minute sau până când prosciutto este crocant.

Lasati sa se raceasca complet inainte de a manca.

59. Chips de sfeclă

INGREDIENT

10 sfeclă roșie medie

½ cană ulei de avocado

2 lingurite sare de mare

½ lingurite usturoi granulat

DIRECTII:

Preîncălziți cuptorul la 350°F. Tapetați câteva foi de copt cu hârtie de copt și lăsați deoparte.

Curățați sfecla de coajă cu o feliere de legume și tăiați capetele. Tăiați cu grijă sfecla în rondele, de aproximativ 3 mm grosime, cu o mandolină sau cu un cuțit ascuțit.

Puneți sfecla feliată într-un castron mare și adăugați ulei, sare și usturoi granulat. Se amestecă pentru a acoperi fiecare felie. Lăsați deoparte 20 de minute, lăsând sarii să elimine excesul de umiditate.

Scurgeți excesul de lichid și aranjați sfecla feliată într-un singur strat pe foile de copt pregătite. Coaceți 45 de minute sau până devine crocant.

Scoateți din cuptor și lăsați să se răcească. A se pastra intr-un recipient ermetic pana este gata de consumat, pana la 1 saptamana.

60. Chips de orz

INGREDIENT

1 cană făină universală

½ cană făină de orz

½ cană de orz rulat (orz fulgi)

2 linguri de zahăr

¼ lingurita Sare

8 linguri (1 baton) unt sau Margarina, inmuiata

½ cană de lapte

DIRECTII:

Într-un castron mare sau într-un robot de bucătărie, amestecați făina, orzul, zahărul și sarea.

Tăiați untul până când amestecul seamănă cu o făină grosieră. Adăugați suficient lapte pentru a forma un aluat care se va ține împreună într-o bilă unită.

Împărțiți aluatul în 2 părți egale pentru rulare. Pe o suprafață cu făină sau o cârpă de patiserie, întindeți la ⅛ până la ¼ inch. Tăiați în cercuri sau pătrate de 2 inci și puneți-le pe o foaie de copt ușor unsă sau tapetată cu pergament. Înțepați fiecare biscuit în 2 sau 3 locuri cu dinții unei furculițe.

Coaceți timp de 20 până la 25 de minute sau până când se rumenesc mediu. Se răcește pe un grătar.

61. Chips-uri cheddar mexi-melt

INGREDIENT

1 cană de brânză cheddar dată prin răzătoare

¹/8 lingurite usturoi granulat

¹/8 lingurite pudra de chili

¹/8 linguriță chimen măcinat

¹/16 lingurite de piper cayenne

1 lingura coriandru tocat marunt

1 lingurita ulei de masline

DIRECTII:

Preîncălziți cuptorul la 350°F. Pregătiți o foaie de biscuiți cu hârtie de copt sau un covoraș Silpat.

Se amestecă toate ingredientele într-un bol mediu până se combină bine.

Puneți cu porții câte o lingură pe foaia de biscuiți pregătită.

Gatiti 5-7 minute pana cand marginile incep sa se rumeneasca.

Lăsați să se răcească 2-3 minute înainte de a scoate din tava de biscuiți cu o spatulă.

62. Chipsuri de pepperoni

INGREDIENT

24 de felii de pepperoni fără zahăr

Ulei

DIRECTII:

Preîncălziți cuptorul la 425°F.

Tapetați o foaie de copt cu hârtie de copt și întindeți felii de pepperoni într-un singur strat.

Coaceți 10 minute, apoi scoateți din cuptor și folosiți un prosop de hârtie pentru a îndepărta excesul de grăsime. Reveniți la cuptor încă 5 minute sau până când ardeiul devine crocant.

63. Chips de înger

INGREDIENT

½ cană de zahăr

½ cană zahăr brun

1 cană de scurtare

1 ou

1 lingurita de vanilie

1 lingurita crema de tartru

2 căni de făină

½ lingurita Sare

1 lingurita de bicarbonat de sodiu

DIRECTII:

Cremă de zahăr, zahăr brun și shortening. Adăugați vanilia și oul. Se amestecă până devine pufoasă. Adaugă ingredientele uscate; amestec.

Rulați lingurițele în bile. Se scufundă în apă și apoi în zahăr granulat. Așezați pe o foaie de biscuiți, cu zahărul în sus, apoi aplatizați cu un pahar.

Se coace la 350 de grade timp de 10 minute.

64. Chips din piele de pui satay

INGREDIENT

Piele de la 3 pulpe mari de pui

2 linguri de unt de arahide gros, fără zahăr adăugat

1 lingura crema de nuca de cocos neindulcita

1 lingurita ulei de cocos

1 linguriță de ardei jalapeño fără semințe și tocat

1/4 căței de usturoi, tocați

1 lingurita de aminoacizi de cocos

DIRECTII:

Preîncălziți cuptorul la 350°F. Pe o foaie de prăjituri tapetată cu hârtie de copt, așezați coji cât mai plate posibil.

Coaceți 12-15 minute până când pielea devine maro deschis și crocantă, având grijă să nu le ardă.

Scoateți pielea de pe foaia de biscuiți și puneți-le pe un prosop de hârtie pentru a se răci.

Într-un robot de bucătărie mic, adăugați unt de arahide, crema de nucă de cocos, ulei de cocos, jalapeño, usturoi și aminoacizi de nucă de cocos. Se amestecă până se omogenizează bine, aproximativ 30 de secunde.

Tăiați fiecare piele crocantă de pui în 2 bucăți.

Pune 1 lingura de sos de arahide pe fiecare crocant de pui si serveste imediat. Dacă sosul curge prea mult, dați la frigider cu 2 ore înainte de utilizare.

65. Piele de pui cu avocado

INGREDIENT

Piele de la 3 pulpe mari de pui

$1/4$ avocado mediu, decojit și fără sâmburi

3 linguri de smantana plina de grasime

$1/2$ ardei jalapeño mediu, fără semințe și tocat mărunt

$1/2$ lingurite sare de mare

DIRECTII:

Preîncălziți cuptorul la 350°F. Pe o foaie de biscuiti tapetata cu hartie de pergament intinde coji cat mai plate.

Coaceți 12-15 minute până când pielea devine maro deschis și crocantă, având grijă să nu le ardă.

Scoateți pielea de pe foaia de biscuiți și puneți-le pe un prosop de hârtie pentru a se răci.

Într-un castron mic, combinați avocado, smântână, jalapeño și sarea.

Se amestecă cu o furculiță până se omogenizează bine.

Tăiați fiecare piele crocantă de pui în 2 bucăți.

Puneți 1 lingură de amestec de avocado pe fiecare crocant de pui și serviți imediat.

66. Chips de legume cu parmezan

INGREDIENT

³/4 cană dovlecel mărunțit

¹/4 cană morcovi mărunțiți

2 căni de parmezan proaspăt mărunțit

1 lingura ulei de masline

¹/4 lingurite piper negru

DIRECTII:

Preîncălziți cuptorul la 375°F. Pregătiți o foaie de biscuiți cu hârtie de copt sau un covoraș Silpat.

Înfășurați legumele mărunțite într-un prosop de hârtie și stoarceți excesul de umiditate.

Se amestecă toate ingredientele într-un castron mediu până se combină bine.

Puneți movile de mărimea unei lingure pe foaia de biscuiți pregătită.

Coaceți 7-10 minute până se rumenesc ușor.

Lăsați să se răcească 2-3 minute și scoateți din tava de biscuiți.

67. Chips de nucă de cocos plăcintă cu dovleac

INGREDIENT

2 linguri ulei de cocos

¹/2 lingurite extract de vanilie

¹/2 linguriță de condimente pentru plăcintă cu dovleac

1 lingură eritritol granulat

2 cani de fulgi de cocos neindulci

¹/8 lingurite sare

DIRECTII:

Preîncălziți cuptorul la 350°F.

Pune uleiul de cocos într-un castron mediu pentru microunde și pune la microunde până se topește, aproximativ 20 de secunde. Adăugați extract de vanilie, condiment pentru plăcintă de dovleac și eritritol granulat în uleiul de cocos și amestecați până se combină.

Puneți fulgii de nucă de cocos într-un castron mediu, turnați amestecul de ulei de nucă de cocos peste ei și amestecați pentru a se acoperi. Întindeți într-un singur strat pe o foaie de prăjituri și stropiți cu sare.

Coaceți 5 minute sau până când nuca de cocos devine crocantă.

68. Chips de piele de pui Alfredo

INGREDIENT

Piele de la 3 pulpe mari de pui
2 linguri de brânză ricotta
2 linguri crema de branza
1 lingura parmezan ras
$1/4$ cățel de usturoi, tocat
$1/4$ lingurita de piper alb macinat

DIRECTII:

Preîncălziți cuptorul la 350°F. Pe o foaie de prăjituri tapetată cu hârtie de copt, așezați coji cât mai plate posibil.

Coaceți 12-15 minute până când pielea devine maro deschis și crocantă, având grijă să nu le ardă.

Scoateți pielea de pe foaia de biscuiți și puneți-le pe un prosop de hârtie pentru a se răci.

Într-un castron mic, adăugați brânzeturi, usturoi și piper. Se amestecă cu o furculiță până se omogenizează bine.

Tăiați fiecare piele crocantă de pui în 2 bucăți.

Puneți 1 lingură de amestec de brânză pe fiecare crocant de pui și serviți imediat.

LEGUME

69. Clătite cu cartofi dulci cu făină de cocos

Randament: 6 clătite medii

Timp de preparare: 5 minute

Timp de gătire: 2 până la 4 minute

INGREDIENTE

5 ouă

¼ cană lapte

½ linguriță extract de vanilie

½ cană de sos de mere neîndulcit

¼ cană făină de cocos

¼ cană făină de cartofi dulci

1 lingură zahăr granulat sau miere

¼ linguriță de praf de copt

scortisoara macinata, dupa gust

¼ lingurita sare

DIRECTII

1. Preîncălziți o grătar sau o tigaie mare la foc mediu.

2. Într-un castron mare, bateți ouăle, laptele, vanilia și sosul de mere până se combină.

3. Într-un castron mediu, amestecați făina de cocos, făina de cartofi dulci, zahărul sau mierea, praful de copt, scorțișoara și sarea până se omogenizează bine.

4. Adăugați ingrediente uscate la ingredientele umede. Amestecați cu o furculiță până când ingredientele sunt bine combinate și nu rămân cocoloașe.

5. Puneți aluatul cu o oală, aproximativ $\frac{1}{4}$ de cană o dată, pe grătarul fierbinte. Gatiti 2-4 minute pe fiecare parte pana incep sa se formeze bule mici deasupra, apoi intoarceti.

6. Serviți cald cu toppingurile preferate de clătite.

70. Rulouri de varză umplute cu aragaz lent

Randament: 8 până la 12 role

Timp de preparare: 20 de minute

Timp de gătire: 8 până la 10 ore

INGREDIENTE

8 până la 12 frunze de varză deshidratate

¼ cană ceapă deshidratată tăiată cubulețe

⅔ cană pudră de roșii

1 lingura zahar brun (optional)

1 lingurita sos Worcestershire (optional)

1 cană de orez alb fiert

1 ou, batut

1 kg carne de vită tocată extra-slăbă

1 lingurita sare, plus mai mult dupa gust

1 lingurita de ardei plus, dupa gust

DIRECTII

1. Aduceți o oală mare cu apă la fiert. Adăugați frunze de varză deshidratate și fierbeți 2-3 minute, până când se înmoaie. Scurgeți și puneți deoparte.

2. Într-un castron mic, acoperiți ceapa tăiată cubulețe cu apă fierbinte pentru a se rehidrata, aproximativ 15 minute.

3. Pentru a face sos de roșii, puneți praful de roșii într-un castron mediu. Se toarnă încet 2 căni de apă clocotită și se amestecă bine pentru a reduce bucăți. Bateți zahărul brun și sosul Worcestershire, dacă folosiți. Pus deoparte.

4. Într-un castron mare, combinați orezul fiert, oul, carnea de vită tocată, ceapa, 2 linguri de sos de roșii, sare și piper. Se amestecă cu o lingură sau se înfige și se zdrobește cu mâinile curate.

5. Puneți aproximativ ¼ de cană din amestec în fiecare frunză de varză, rulați și introduceți capetele în interior. Puneți rulourile în aragazul lent.

6. Turnați sosul de roșii rămas peste sarmale. Acoperiți și gătiți la foc mic timp de 8 până la 10 ore.

71. Dovleac de iarnă sotat cu mere

Randament: 2 cani

Timp de pregătire: 1 oră

Timp de gătire: 10 minute

INGREDIENTE

1 cană cuburi de dovlecei de iarnă deshidratați

½ cană ceapă deshidratată

½ cană de măr deshidratat

2 linguri de unt

½ linguriță sare de țelină

½ linguriță de usturoi pudră

½ linguriță de cimbru

Sarat la gust

piper, dupa gust

DIRECTII

1. Puneți cuburi de dovleac deshidratat și ceapa într-un castron mare și acoperiți cu 2 căni de apă caldă. Înmuiați timp de 1 oră. Scurgeți orice apă rămasă.

2. Rehidratează mărul punându-l într-un vas separat și acoperind cu apă rece timp de 1 oră.

3. Topiți untul într-o cratiță mare la foc mediu.

4. Adăugați dovleceii, ceapa și sarea de țelină în cratiță, amestecând din când în când până când dovleceii începe să se rumenească, aproximativ 5 minute.

5. Adăugați pudra de usturoi și mărul, gătind până când merele sunt fragede, aproximativ 2 minute.

6. Adăugați cimbru, sare și piper după gust.

72. Cuiburi de dovlecei de iarnă deshidratate

Randament: 10 până la 15 cuiburi de dovleac

Timp de preparare: 30 de minute

Timp de gătire: 4 până la 6 ore

INGREDIENTE

1 dovleac mare de iarnă, decojit și fără semințe

DIRECTII

1. Dacă folosiți un spiralizator, tăiați dovleceii în bucăți ușor de manevrat și maruntiți-i în fire lungi. Dacă nu aveți un spiralizator, trageți un curățător de legume în jos peste dovleac, făcând felii subțiri, late, asemănătoare tăițeilor, sau folosiți un curățător julienne pentru a obține șuvițe asemănătoare spaghetelor.

2. Nu toate piesele vor spirala într-o secțiune lungă, așa că separați părțile care fac prin îndepărtarea lor din grămadă.

3. Adăugați firele lungi în tăvi de deshidratare și aranjați-le într-un cuib, îngrămădând fiecare bucată deasupra ei. Adăugați bucățile mai mici în tăvi de deshidratare în pumni mici pentru a forma cuiburi, 5 sau 6 grămezi într-o tavă.

4. Uscați la 140°F timp de 2 ore, reduceți căldura la 130°F și uscați încă 2 până la 4 ore până când piesele sunt casante.

73. Cuiburi de dovleac condimentat cu usturoi creole

Randament: 10 cuiburi

Timp de preparare: 35 minute

Timp de gătire: 5 minute

INGREDIENTE

10 cuiburi de dovleac de iarnă deshidratate (pagina 117) sau 2 căni de bucăți de dovleac uscat

⅓ cană făină universală

2 catei de usturoi, tocati

2 ouă mari, bătute

1 lingură amestec de condimente creole

2 linguri ulei de masline

10 lingurițe de brânză cheddar

DIRECTII

1. Rehidratează parțial cuiburile de dovleac prin înmuiere în apă fierbinte timp de 30 de minute. Scurgeți și aruncați lichidul de înmuiere.

2. Într-un castron mare, combinați făina, usturoiul, ouăle și condimentele creole. Înmuiați cuiburile de dovleac în amestecul de ouă, având grijă să nu rupeți cuiburile.

3. Încinge ulei de măsline într-o tigaie mare la foc mediu-mare.

4. Scoateți 1 cuib pentru fiecare porție. Puneți în tigaie și aplatizați dovleceii cu o spatulă, apoi gătiți până când partea inferioară este maro aurie, aproximativ 2 minute.

5. Întoarceți și gătiți pe cealaltă parte, cu aproximativ 2 minute mai mult.

6. Acoperiți fiecare cuib cu 1 linguriță de brânză cheddar și serviți imediat.

74. Fajita şi orez

Randament: borcan de 1 litru uscat; 6 cani fierte

Timp de preparare: 35 minute

Timp de gătire: 20 până la 25 de minute

INGREDIENTE

1 cană de orez brun rapid

2 căni de fasole Quick Cook

¼ cană ardei gras dulce deshidratat

¼ cană ceapă deshidratată

¼ cană morcov deshidratat

¼ cană pudră de roșii

¼ linguriță de usturoi uscat

1 lingurita pudra de chili

½ lingurita sare

½ lingurita boia

½ lingurita zahar brun

¼ lingurita piper negru

¼ lingurita oregano

¼ lingurita de chimen

$\frac{1}{8}$ linguriță de piper cayenne

DIRECTII

1. Puneți toate ingredientele într-un borcan cu gură largă de 1 litru sau într-o pungă de Mylar. Adăugați un absorbant de oxigen de 100 cc și etanșați bine. A se pastra pana la 5 ani.

2. Pentru a servi, scoateți pachetul de oxigen și goliți conținutul borcanului într-o tigaie mare. Acoperiți cu 6 căni de apă și aduceți la fiert la foc mare. Reduceți focul la mediu, acoperiți și fierbeți timp de 15 până la 20 de minute, amestecând ocazional până când fasolea este gata.

3. Se ornează cu brânză rasă, după gust.

75. Crusta de pizza cu orez cu conopida

Randament: 2 cruste (8 inchi).

Timp de preparare: 40 de minute

Timp de gătire: 15 până la 20 de minute

INGREDIENTE

1 cană de conopidă deshidratată

4 căni de apă

2 oua

2 cani de parmezan ras

DIRECTII:

1. Preîncălziți cuptorul la 400°F.

2. Pune conopida într-un castron mare, se acoperă cu 4 căni de apă fierbinte și se înmoaie timp de 20 de minute. Scurgeți și aruncați lichidul de înmuiere.

3. Tocați conopida rehidratată cu mâna, sau cu un robot de bucătărie, până când bucățile sunt mici și uniforme ca mărime.

4. Gatiti conopida orezita intr-o tigaie la foc mediu. Se amestecă până când conopida este uscată și umezeala este îndepărtată.

5. Pune conopida deoparte și lasă-o să se răcească. Se poate răci mai repede dacă este scos din tigaie.

6. Într-un castron separat, bateți ouăle. Amestecați parmezanul.

7. Adăugați în bol conopida răcită și amestecați până se amestecă complet.

8. Lucrand pe hartie de copt, impartim amestecul in 2 portii egale. Lucrați fiecare bucată într-un cerc de 8 inci, de aproximativ $\frac{1}{4}$ inch grosime. Păstrați mai mult amestec pe margini, astfel încât rondele să se gătească uniform și marginile să nu se ardă.

9. Glisați hârtia de pergament pe o foaie de copt și gătiți la 400 ° F până când rondele sunt rumenite și ferme, aproximativ 15 până la 20 de minute.

76. Hash Brown Mix într-un borcan

Uscați ingredientele separat și combinați. Această rețetă face 1 borcan, cu 2 mese.

Randament: borcan de 1 litru uscat; 2 cani fierte

Timp de preparare: 10 până la 15 minute

Timp de gătire: 10 până la 15 minute

INGREDIENTE

2 cani de cartofi bucati deshidratati

½ cană ceapă uscată

½ cană ardei dulce uscat

¼ cană usturoi tocat uscat

1 lingurita ulei vegetal

DIRECTII:

1. Amestecați bucățile de cartofi, ceapa uscată, ardeiul dulce uscat și usturoiul uscat tocat într-un castron mare. Puneți într-un borcan de conserve sau într-o pungă de Mylar. Adăugați un absorbant de oxigen de 100 cc și etanșați bine. A se pastra pana la 5 ani.

2. Pentru a pregăti, goliți 1 cană din conținutul borcanului într-un castron și acoperiți cu apă clocotită timp de 10 până la 15 minute până când este plin. Se strecoară și se stoarce pentru a elimina excesul de apă.

3. Încinge uleiul într-o tigaie la foc mediu.

4. Adăugați amestecul de cartofi în tigaie, apăsând ușor într-un strat subțire și uniform în timp ce se gătește.

5. Gatiti pana devine foarte crocant si rumeniti fiecare parte timp de aproximativ 3 minute.

77. Orez brun rapid

Randament: 2 cani de orez deshidratat;

INGREDIENTE

3½ căni de orez fiert

Timp de preparare: 5 până la 7 ore

Timp de gătire: 17 minute

DIRECTII:

1. Gatiti 2 cesti de orez brun obisnuit conform instructiunilor de pe ambalaj; asigurați-vă că tot lichidul este absorbit.

2. Acoperiți tăvile de deshidratare cu hârtie de copt sau folii Paraflexx și întindeți orezul fiert într-un singur strat. Deshidratați la 125°F timp de 5 până la 7 ore. La jumătatea procesului de uscare, spargeți orice orez care este lipit și rotiți tăvile. Când este complet uscat, orezul ar trebui să facă clic atunci când este aruncat pe o masă.

3. Pentru rehidratare, măsurați 1 cană de orez uscat, puneți-l într-o cratiță și acoperiți cu ¾ cană de apă. Înmuiați timp de 5 minute pentru a începe rehidratarea, apoi aduceți la fiert și fierbeți timp de 2 minute. Se ia de pe foc, se acopera si se lasa 10 minute. Pufează cu o furculiță.

78. Fasole gătită rapidă

Randament: 3 căni

Timp de preparare: 10 minute, plus 8 ore

Timp de gătire: 8 până la 10 ore

INGREDIENTE

4 căni de fasole uscată

DIRECTII:

1. Înmuiați fasolea uscată peste noapte. Aruncați apa.

2. După cel puțin 8 ore de înmuiat, adăugați fasolea într-o oală mare, acoperiți cu apă și aduceți la fiert. Reduceți focul și fierbeți timp de 10 minute. Scurgere.

3. Întindeți fasolea parțial gătită într-un singur strat pe tăvi de deshidratare și procesați între 95°F și 100°F timp de 8 până la 10 ore. Vor fi tari când sunt uscate.

4. Depozitați în borcane de conserve cu absorbante de oxigen de 100cc sau îndepărtați oxigenul cu un atașament FoodSaver. Perioada de valabilitate este de 5 ani.

Pentru rehidratare: Înmuiați 1 cană de fasole deshidratată și 2 căni de apă într-o cratiță timp de 5 minute. Aduceți la fierbere timp de 10 minute. Nu acoperă.

79. Fasolea la cuptor a doamnei B

Randament: 3 căni

Timp de preparare: 15 minute

Timp de gătire: 10 minute

INGREDIENTE

1 cană de fasole Quick Cook (pagina 123)

2 căni de apă

¼ cană ceapă tocată deshidratată

2 lingurițe de muștar

⅛ cană de zahăr brun la pachet, sau după gust

1 lingurita sos Worcestershire

DIRECTII:

1. Rehidratați fasolea Quick Cook prin înmuierea fasolei cu 2 căni de apă într-o cratiță timp de 5 minute. Aduceți la fierbere timp de 10 minute. Nu acoperă.

2. Adăugați ingredientele rămase. Se amestecă până se dizolvă zahărul brun.

3. Reduceți focul la mediu și fierbeți încă 5 minute până când fasolea este moale și se formează sosul. Adăugați apă suplimentară în trepte de 1 linguriță, dacă este necesar.

80. Mexican Fiesta Bake

Randament: 1 tavă de copt (2½ litri).

Timp de preparare: 45 de minute

Timp de gătire: 15 minute

INGREDIENTE

1 cana rosii deshidratate

1 cană frunze de coriandru proaspete sau deshidratate

½ cană de ardei verde deshidratat, tăiat cubulețe

½ cană boabe de porumb deshidratate

¼ cană pudră de roșii

2 ardei jalapeño proaspeți

2 cesti carne de vita tocata

1 lingurita de usturoi

1 lămâie verde, suc

6 tortilla de porumb, tăiate în pătrate de 1 inch

1 cană brânză cheddar

DIRECTII

1. Preîncălziți cuptorul la 350°F.

2. Așezați roșiile deshidratate într-un castron mic și acoperiți cu 2 căni de apă rece timp de 30 de minute, sau până când sunt plinuțe și fragede. Scurgeți și tăiați în bucăți mici.

3. Puneți frunzele de coriandru, ardeiul verde tăiat cubulețe și porumbul într-un castron mic și adăugați suficientă apă rece pentru a acoperi. Lăsați la macerat timp de 10 până la 15 minute sau până când ardeii sunt plinuți. Scurgere.

4. Pentru a face sos de roșii, adăugați încet 12 uncii de apă fierbinte la $\frac{1}{4}$ de cană de pudră de roșii. Se amestecă până la omogenizare. Pus deoparte.

5. Curățați, sămânțați și tăiați 2 ardei jalapeño proaspeți.

6. Gătiți carnea de vită într-o tigaie mare până se rumenește complet.

7. Adăugați sosul de roșii, usturoiul, sucul de lămâie, roșii, coriandru, ardei verde, porumb, tortilla și jalapeño la carnea de vită tocată. Se amestecă și se încălzește peste tot.

8. Transferați într-o tavă de copt de $2\frac{1}{2}$ litri și acoperiți cu brânză.

9. Coaceți timp de 15 minute până când brânza devine spumoasă.

BĂUTURĂ

81. Ceai de mentă de trandafir

Randament: 1 cană

Timp de preparare: 0 minute

Timp de abrupt: 10 până la 15 minute

INGREDIENTE

1 linguriță de măceșe uscate

1 lingurita de menta uscata sau de menta

1 cană apă

DIRECTII:

1. Adăugați menta și măceșul într-o presă sau un ceainic francez și turnați 1 cană de apă fierbinte. Unii aparate de ceai își măcina măceșele înainte de a le folosi, dar chiar nu este necesar.

2. Acoperiți și înmuiați timp de 10 până la 15 minute. Cu cât vă înmuiați mai mult, cu atât aroma și culoarea vor fi mai profunde.

82. Amestec de ceai de menta portocale

Randament: 1 cană

Timp de preparare: 5 minute, plus timp de odihnă

Timp de abrupt: 10 minute

INGREDIENTE

2 linguri menta uscata, tocata

2 linguri de portocale uscate

3 sau 4 cuișoare întregi (opțional)

DIRECTII:

1. Măsurați ingredientele uscate într-o râșniță de cafea sau un mojar și un pistil și procesați până când sunt amestecate în bucăți uniforme. Puneți într-un borcan cu capac etanș și lăsați aroma să se dezvolte câteva zile.

2. Adăugați 1 linguriță de amestec de ceai de mentă portocalie într-un infuzor cu bile de ceai, un ceainic sau o presă franceză. Acoperiți și lăsați la macerat timp de 10 minute. Acest lucru face, de asemenea, un ceai cu gheață răcoritor.

83. Ceai de soare cu verbenă de lămâie

Randament: 1 litru

Timp de preparare: 0 minute

Timp de abrupt: câteva ore

INGREDIENTE

1 mână de frunze uscate de verbină de lămâie

1 litru de apă

DIRECTII:

1. Zdrobiți o mână de frunze uscate și adăugați-le într-un borcan mare de sticlă.

2. Acoperiți frunzele cu 1 litru de apă și lăsați borcanul să stea la soare timp de câteva ore.

3. Strecurați frunzele și adăugați gheață pentru a vă bucura de o băutură răcoritoare.

84. Limonada cu Citrice Deshidratate

Randament: 5 litri

Timp de preparare: 0 minute

Timp de gătire: 3 ore timp de odihnă

INGREDIENTE

1 cană zahăr

5 litri de apă

15 bucăți rondele de citrice deshidratate

DIRECTII:

1. Adăugați zahărul în 5 litri de apă și amestecați până se dizolvă.

2. Adăugați bucăți de citrice și amestecați.

3. Adăugați gheață pentru a menține cojile scufundate. Lasă-l să stea cel puțin 3 ore.

4. Amestecați și turnați în pahare cu câteva dintre rondelele de citrice rehidratate ca garnitură.

DESERT

85. Crisp cu mere cu topping de ovăz

Randament: 1 tavă de sticlă (8 × 8 inchi).

Timp de preparare: 35 minute

Timp de gătire: 30 de minute

INGREDIENTE

3 cani de felii de mere deshidratate

¾ cană zahăr, împărțit

2 linguri amidon de porumb

½ cană de făină

½ cană de ovăz

praf sare

⅛ linguriță de scorțișoară măcinată, plus mai mult, după gust

½ baton de unt rece

DIRECTII

1. Preîncălziți cuptorul la 375°F. Pregătiți o tigaie de sticlă de 8 × 8 inci cu spray de gătit.

2. Puneți feliile de mere într-un castron și adăugați apă fierbinte cât să se acopere. Lasă-l să stea timp de 30 de minute. Scurgeți și rezervați lichidul.

3. Se amestecă merele rehidratate cu ½ cană de zahăr și scorțișoară, după gust.

4. Într-o cană de măsurat, amestecați amidonul de porumb și 2 linguri de apă rece până când se încorporează complet și nu rămân cocoloașe.

5. Puneți merele și lichidul rezervat într-o cratiță medie și fierbeți timp de 5 minute. Adăugați suspensia de amidon de porumb și încălziți până când amestecul se îngroașă. Daca merele par prea uscate, adauga mai mult lichid, cate 1 lingura, pana ajungi la consistenta dorita.

6. Turnați merele în tava pregătită, împingând în jos, astfel încât merele să fie acoperite în sos.

7. Pentru a crea toppingul, adăugați într-un castron mic făina, ovăzul, zahărul rămas, sarea și ⅛ linguriță de scorțișoară. Folosind un blender de patiserie sau un robot de bucătărie, tăiați untul rece în ingredientele uscate până când amestecul seamănă cu firimituri grosiere.

8. Turnați toppingul peste umplutura de mere și întindeți uniform până ajunge la toate colțurile. Coaceți timp de 30 de minute până când toppingul devine maro auriu și umplutura clocotește.

86. Tort cu ananas cu conținut scăzut de grăsimi

Randament: 1 tort (8 × 8 inchi).

Timp de preparare: 25 de minute

Timp de gătire: 25 până la 30 de minute

INGREDIENTE

4 căni de ananas deshidratat

2 căni de apă

$2\frac{1}{4}$ căni de făină universală

1 cană zahăr granulat

2 lingurite de bicarbonat de sodiu

praf sare

2 lingurite extract de vanilie

2 oua

1 pachet (3,5 uncii) budincă instant de vanilie fără zahăr

$1\frac{1}{2}$ cani de frisca fara grasimi

DIRECTII

1. Preîncălziți cuptorul la 350°F. Ungeți și făinați o tavă de copt de 8 × 8 inci.

2. Zdrobiți ananasul deshidratat într-o pungă de plastic cu fermoar cu un sucitor sau pulsați într-un robot de bucătărie. Ananasul trebuie să fie bucăți, nu pudră. Rezervați 2 căni.

3. Puneți restul de ananas zdrobit într-un castron mic și acoperiți complet cu 2 căni de apă rece de la robinet timp de 15 până la 20 de minute. Adăugați mai multă apă dacă este necesar. Scurgeți și rezervați lichidul de ananas.

4. Într-un castron mediu, amestecați făina, zahărul, bicarbonatul de sodiu și sarea.

5. Adăugați extractul de vanilie și ouăle în bolul mic cu ananas rehidratat și amestecați.

6. Adăugați ingredientele umede la uscat și amestecați până se formează aluat.

7. Turnați aluatul în vasul de copt pregătit.

8. Coaceți timp de 25 până la 30 de minute până când prăjitura este maro aurie și o scobitoare iese curată. Lasati sa se raceasca inainte de a adauga topping.

9. Bateți cele 2 căni de ananas zdrobit, lichid de ananas și budincă fără zahăr până se combină. Adăugați apă suplimentară în trepte de 1 linguriță, dacă este necesar. Incorporati usor smantana pana se incorporeaza.

10. Întindeți toppingul peste tort. Se da la frigider pana este gata de servire.

87. Ghimbir confiat

Randament: 8 uncii de ghimbir confiat

Timp de pregătire: 40 de minute, plus 1 oră timp de condiționare

Timp de gătire: 4 până la 6 ore

INGREDIENTE

1 rădăcină mare de ghimbir (8 uncii).

4 căni de apă

$2\frac{1}{4}$ cani de zahar, impartit

DIRECTII

1. Spălați și curățați rădăcina de ghimbir. Folosind o mandolină, tăiați rădăcina în felii de $\frac{1}{8}$ inci.

2. Adăugați 4 căni de apă și 2 căni de zahăr în cratiță și amestecați până când zahărul se dizolvă.

3. Adăugați bucățile de ghimbir în cratiță și aduceți la fierbere.

4. Reduceți focul la fiert și gătiți timp de 30 de minute, ținând cratița parțial descoperită, pentru a putea scăpa aburul.

5. Strecurați amestecul de ghimbir și păstrați siropul într-un borcan de conserve.

6. Așezați bucățile de ghimbir pe un suport sau o tavă de deshidratare timp de o oră pentru a se condiționa, până devin lipicioase, dar nu umede.

7. Aruncă bucățile în restul de ¼ de cană de zahăr până când sunt ușor acoperite. Puteți sări peste această parte și reduceți conținutul de zahăr; vor avea în continuare gust dulce din siropul simplu.

8. Puneți felii de ghimbir pe tava de deshidratare și uscați la 135°F timp de 4 până la 6 ore sau pană când bucățile sunt flexibile, dar nu lipicioase în interior.

88. Biscuiți cu smochine cu fulgi de ovăz

Randament: 2 duzini de fursecuri

Timp de preparare: 10 minute, plus 1 oră timp de răcire

Timp de gătire: 12 până la 14 minute

INGREDIENTE

1½ cani de faina universala

1 lingurita praf de copt

½ lingurita sare

3 căni de ovăz rulat de modă veche (pentru o prăjitură mai moale, procesați jumătate de ovăz într-un blender până se măcina fin)

1 cană de unt, înmuiat la temperatura camerei

1 cană de zahăr brun la pachet

½ cană zahăr granulat

2 oua

1 lingurita extract de vanilie

1 cană smochine rehidratate, tăiate bucăți

DIRECTII

1. Preîncălziți cuptorul la 350°F. Tapetați foile de copt cu hârtie de copt.

2. Într-un castron mare, amestecați făina, praful de copt și sarea. Se amestecă ovăzul.

3. Într-un alt castron mare, cremă untul și zaharurile cu un mixer manual. Adaugam ouale si vanilia, apoi crema din nou.

4. Adăugați amestecul de făină în lichid, apoi amestecați până se omogenizează. Se amestecă bucățile de smochine rehidratate.

5. Răciți aluatul timp de 1 oră sau peste noapte.

6. Așezați linguri de mărimea unei lingure pe foile de copt, distanțați biscuițții la 2 inci unul de celălalt. Coaceți timp de 12 până la 14 minute, până când fursecurile se rumenesc ușor.

MARINADE

89. Dressing ranch cu usturoi

INGREDIENTE:

1 lingurita praf de usturoi

2 linguri maioneza

2 lingurițe de muștar de Dijon

2 linguri suc proaspăt de lămâie

Sare si piper negru proaspat macinat dupa gust

DIRECTII

Amestecă toate ingredientele într-un bol de salată.

Se amestecă cu o salată și se servește.

90. Sos de ceapă roșie și coriandru

INGREDIENTE:

1 lingurita ceapa rosie tocata marunt

½ lingurita de ghimbir cristalizat tocat marunt

1 lingură migdale albite și tăiate

2 lingurite de seminte de susan

¼ linguriță de semințe de anason

1 lingurita coriandru proaspat tocat

⅛ linguriță de cayenne

1 lingura otet de vin alb

1 lingura ulei de masline extravirgin

DIRECTII

Într-un castron mic, combinați ceapa, ghimbirul, migdalele, semințele de susan, semințele de anason, coriandru, cayena și oțetul.

Se amestecă uleiul de măsline până se combină bine.

91. Sos cremă Dilly Ranch

INGREDIENTE:

2 linguri maioneza

1 lingură mărar proaspăt tocat mărunt

1 lingura otet de vin alb

1 lingurita mustar de Dijon

DIRECTII

Amestecați toate ingredientele într-un castron de salată.

Se amestecă cu salată și se servește.

92. Pansament fierbinte cha cha

INGREDIENTE:

1 lingura ulei de masline extravirgin

1 lingură maioneză

2 linguri salsa ușoară sau fierbinte

$\frac{1}{4}$ linguriță piper negru proaspăt măcinat

$\frac{1}{8}$ linguriță de chimen măcinat

1 lingurita praf de usturoi

$\frac{1}{4}$ lingurita oregano

Cayenne după gust (opțional)

Sare si piper negru proaspat macinat dupa gust

DIRECTII

Amestecați bine toate ingredientele într-un castron mic.

Gustați și ajustați condimentele.

93. Vinaigretă în stil cajun

INGREDIENTE:

2 linguri otet de vin rosu

½ lingurita boia dulce

½ linguriță de muștar de Dijon granulat

⅛ lingurita de cayenne sau dupa gust

⅛ linguriță (sau mai puțin) înlocuitor de zahăr, opțional sau după gust

2 linguri ulei de masline extravirgin

sare si piper negru proaspat macinat dupa gust

DIRECTII

Amestecați toate ingredientele într-un castron de salată. Gustați și ajustați condimentele.

Așezați salată verde deasupra, aruncați și serviți.

94. Vinaigretă cu muştar

INGREDIENTE:

2 linguri ulei de masline extravirgin

2 lingurițe de muștar granulat

1 lingura praf de usturoi

½ linguriță de hrean preparat

2 linguri otet de vin rosu

¼ lingurita zahar

Sare si piper negru proaspat macinat dupa gust

DIRECTII

Amestecă toate ingredientele într-un bol de salată. Gustați și ajustați condimentele.

Se adaugă salata verde și se amestecă chiar înainte de servire.

95. Vinaigretă cu ghimbir și piper

INGREDIENTE:

1 lingura otet de vin de orez

¼ lingurita zahar

1 catel de usturoi, tocat marunt

½ linguriță de ghimbir proaspăt tocat mărunt

¼ de linguriță de ardei iute uscat zdrobit

¼ linguriță de muștar uscat

¼ lingurita ulei de susan

2 linguri ulei vegetal

DIRECTII

Amestecă toate ingredientele într-un bol de salată. Gustați și ajustați condimentele.

Se adaugă salată verde și se amestecă chiar înainte de servire.

96. Vinaigretă de citrice

INGREDIENTE:

1 lingura suc proaspat de lamaie

1 lingura suc proaspat de lamaie

1 lingura suc proaspat de portocale

1 lingurita otet de vin de orez

3 linguri ulei de măsline extravirgin

½ lingurita zahar

Sare si piper negru proaspat macinat dupa gust

DIRECTII

Amestecă toate ingredientele într-un castron mare de salată. Puneți frunze de salată verde pe dressing.

Se amestecă chiar înainte de servire.

97. Se freacă piper alb și cuișoare

INGREDIENTE:

¼ cană boabe de piper alb

1 lingură ienibahar măcinat

1 lingura scortisoara macinata

1 lingură măcinată

2 linguri cuișoare întregi

2 linguri nucsoara macinata

2 linguri boia de ardei

2 linguri de cimbru uscat

DIRECTII

Combinați toate ingredientele într-un blender sau robot de bucătărie.

Păstrați într-un borcan cu un capac etanș.

98. Frecare uscată cu chili

INGREDIENTE:

3 linguri praf de usturoi

3 linguri boia de ardei

1 lingură pudră de chili

2 lingurite sare

1 lingurita piper negru proaspat macinat, sau dupa gust

¼ lingurita cayenne

DIRECTII

Măcinați amestecul de condimente într-un robot de bucătărie sau blender sau folosiți un mojar și un pistil.

Păstrați într-un borcan cu un capac etanș.

99. Amestec de condimente Bourbon

INGREDIENTE:

2 linguri boia de ardei

1 lingura cayenne

1 lingură muștar uscat

2 lingurite sare

2 lingurițe de piper negru proaspăt măcinat

2 lingurițe de usturoi pudră

2 lingurite de salvie macinata

1 lingurita piper alb

1 lingurita praf de ceapa

1 lingurita chimen macinat

1 lingurita de cimbru uscat

1 lingurita oregano uscat

DIRECTII

Amestecă toate ingredientele într-un castron mic.

Păstrați într-un borcan cu un capac etanș.

100. Oțet ușor de plante

Randament: 1 porție

INGREDIENT

4 crengute rozmarin proaspat

DIRECTII:

Pentru a face oțet de plante, puneți ierburi clătite și uscate și orice condimente într-o sticlă de vin sterilizată de 750 ml și adăugați aproximativ 3 căni de oțet, umplându-se până la $\frac{1}{4}$ inch de partea de sus. Opriți cu un dop de plută nou și lăsați deoparte timp de 2 până la 3 săptămâni pentru a se înmuia. Oțetul are o perioadă de valabilitate de cel puțin 1 an.

Cu oțet de vin roșu, folosiți: 4 fire de pătrunjel proaspăt, 2 linguri de boabe de piper negru

CONCLUZIE

Probabil că trebuie să mulțumim comunității de rucsac pentru renașterea modernă a alimentelor deshidratate. Cererea lor pentru mâncăruri simple, ușoare și hrănitoare a creat nevoia de fructe, legume, garnituri și feluri complete preambalate, împreună cu un interes reînnoit pentru mașinile de deshidratare și alte mijloace de uscare a alimentelor. Aceste noi alimente confortabile pot fi găsite la orice băcănie și magazin în aer liber și sunt cunoscute pentru prepararea lor ușoară și timpul rapid de gătit. Gustul s-a îmbunătățit atât de mult încât ați considera-o o cină bună. Preparatorii moderni au dus această provocare cu un pas mai departe, învățând să producă, să depoziteze și să rotească alimente în valoare de un an în propria cămară pregătită.

Acest ghid vă învață elementele de bază ale deshidratării fructelor, legumelor și proteinelor; oferă informații detaliate despre uscarea a 50 de tipuri de fructe și legume; și împărtășește câteva rețete testate în timp și iubite de familie pentru utilizarea de zi cu zi. Este inclus tot ceea ce aveți nevoie pentru a învăța să vă stocați propria cămară sănătoasă, stabilă la raft.

www.ingramcontent.com/pod-product-compliance
Lightning Source LLC
Chambersburg PA
CBHW070654120526
44590CB00013BA/952